Guadagnare con il Self Publishing: Guida Completa per l'Autopubblicazione di Successo

Indice

Capitolo 3: Scrivere un Libro di Successo

Capitolo 4: Formattazione e Creazione della Copertina

Capitolo 5: Pubblicazione su Amazon KDP e Altre Piattaforme

Capitolo 6: Strategie di Marketing per il Self Publishing

Capitolo 7: Guadagnare con le Serie di Libri e il Personal Branding

7.1 Perché scrivere serie di libri può aumentare i guadagni

7.2 Creare un brand personale come autore

7.3 Come fidelizzare i lettori con una newsletter

7.4 Espandere il proprio pubblico con social media e blog

7.5 Monetizzare con Patreon e crowdfunding

7.6 Self Publishing e affiliate marketing

7.7 Strategie per trasformare i lettori occasionali in fan

7.8 Offrire contenuti extra per aumentare il valore del libro

7.9 Vendere diritti cinematografici e traduzioni

7.10 Quando e come creare un sito web autore

Capitolo 8: Guadagnare con il Self Publishing a Lungo Termine

8.1 Costruire un catalogo di libri per guadagni costanti

8.2 Il ruolo delle edizioni aggiornate per aumentare le vendite

8.3 Ottimizzare i prezzi per massimizzare i profitti

8.4 Pubblicare in diversi formati: eBook, cartaceo e audiolibro

8.5 Utilizzare i dati di vendita per migliorare i risultati

8.6 Creare un funnel di vendita con più libri

8.7 Scrivere con un team: collaborazioni e co-autori

8.8 Automazione e delega per scalare il business

8.9 Proteggere i tuoi diritti d'autore e marchio

8.10 Quando considerare di aprire una casa editrice indipendente

Capitolo 9: Errori da Evitare e Consigli Pratici

Capitolo 10: Conclusioni e Prossimi Passi

Conclusione

Introduzione

Negli ultimi anni il panorama editoriale ha subito una trasformazione radicale, offrendo opportunità prima impensabili agli autori indipendenti. Questa guida si propone di essere la bussola per chi desidera navigare con successo nel mondo del Self Publishing, trasformando il proprio talento in una fonte concreta di guadagno. Il Self Publishing rappresenta una vera e propria rivoluzione, dove l'autore diventa protagonista non solo del contenuto, ma anche del processo editoriale, dalla scrittura alla promozione, fino alla gestione economica. Con strumenti digitali e piattaforme innovative come Amazon KDP, chiunque può oggi lanciare la propria opera sul mercato globale, superando le barriere tradizionali dell'editoria.

Il viaggio che intraprenderai leggendo questa guida ti fornirà le chiavi per comprendere ogni aspetto dell'autopubblicazione, permettendoti di mettere a frutto le tue capacità creative e imprenditoriali. L'approccio illustrato in questo manuale è strutturato in maniera da guidarti passo dopo passo, partendo dalla scelta dell'argomento e dalla ricerca di mercato, passando per la scrittura e la formattazione del libro, fino ad arrivare alle strategie di marketing più efficaci. Ogni fase è spiegata in modo dettagliato, con esempi pratici e consigli utili, pensati per evitare gli errori comuni che molti autori alle prime armi tendono a commettere.

La nascita di un libro è un processo affascinante, fatto di passione, impegno e una dose di coraggio. La possibilità di vedere la propria opera pubblicata, di poterla condividere con un pubblico vasto e di ottenere riconoscimenti, rappresenta un traguardo straordinario. Il Self Publishing, in questo contesto, non è solo un mezzo per pubblicare un libro, ma diventa una vera e propria opportunità di trasformare la passione in un business sostenibile. Le strategie qui proposte non si limitano a fornire una panoramica teorica, ma offrono strumenti pratici e tecniche comprovate per affrontare le sfide del mercato editoriale moderno.

Il percorso illustrato in queste pagine è concepito per chiunque voglia fare il salto verso una carriera da autore indipendente, indipendentemente dal genere letterario o dall'esperienza pregressa. Dalla scrittura della prima bozza alla scelta del titolo più efficace, ogni tappa è accompagnata da suggerimenti mirati che ti aiuteranno a evitare trappole comuni e a sfruttare al meglio le risorse a disposizione. Le tematiche affrontate spaziano dalla gestione delle recensioni e delle critiche, fino alla costruzione di un brand personale, elemento fondamentale per distinguersi in un mercato sempre più competitivo.

Questo manuale si distingue per il suo approccio pratico e per la chiarezza con cui spiega concetti che, inizialmente, possono sembrare complessi o intimidatori. Attraverso esempi reali e casi di studio, potrai confrontarti con situazioni concrete e apprendere come altri autori hanno saputo trasformare un sogno in una realtà redditizia. La guida non si limita a fornirti informazioni tecniche, ma ti offre anche spunti motivazionali e strategie per mantenere alta la motivazione nel lungo percorso dell'autopubblicazione.

Nel mondo odierno, dove l'innovazione e la tecnologia abbassano le barriere all'ingresso, è fondamentale possedere non solo la creatività, ma anche le competenze imprenditoriali necessarie per gestire ogni aspetto del business editoriale. Questo testo si propone di colmare quel divario, rendendoti consapevole delle opportunità e degli strumenti che la digitalizzazione mette a disposizione degli autori. L'obiettivo è trasformare ogni passione per la scrittura in un progetto concreto, capace di generare reddito e di lasciare un segno nel panorama culturale.

Preparati a scoprire le potenzialità di un mercato in continua espansione e a intraprendere un percorso che, con impegno e dedizione, potrà portarti a raggiungere traguardi inaspettati. Questa guida è stata concepita per accompagnarti in ogni fase della tua avventura nel Self Publishing, fornendoti una visione completa e dettagliata che ti permetterà di affrontare il mondo editoriale con sicurezza e determinazione. Ogni capitolo è pensato per offrirti strumenti pratici e consigli operativi, affinché tu possa, passo dopo passo, costruire una carriera solida e duratura nel settore della pubblicazione indipendente.

Capitolo 1: Introduzione al Self Publishing

1.1 Cos'è il Self Publishing e perché è un'opportunità di guadagno

Il Self Publishing rappresenta una modalità di pubblicazione che consente all'autore di avere il controllo totale sul processo creativo e commerciale del proprio libro, senza dover passare attraverso i tradizionali canali editoriali. Questo sistema permette di risparmiare tempo e denaro, eliminando intermediari e offrendo la possibilità di guadagnare una percentuale molto più alta sui ricavi delle vendite. Nel Self Publishing, l'autore si occupa di tutte le fasi: dalla scrittura, alla revisione, dalla grafica della copertina fino alla promozione e distribuzione del libro. Un autore che decide di intraprendere questo percorso ha la libertà di scegliere il contenuto, il design, il prezzo e il modo in cui il libro viene distribuito, rendendo l'intero processo estremamente flessibile e personalizzabile. Ad esempio, un autore di romanzi storici può decidere di concentrarsi su una nicchia di lettori appassionati di quel periodo, personalizzando non solo il contenuto ma anche il marketing e il packaging del libro in modo tale da attirare un pubblico specifico. La natura del Self Publishing permette inoltre di sperimentare formati diversi, come eBook, audiolibri e versioni cartacee, adattandosi alle esigenze di un mercato in continua evoluzione. Numerosi autori hanno sperimentato questa via e hanno ottenuto risultati sorprendenti, dimostrando che il potenziale di guadagno può superare di gran lunga quello delle tradizionali case editrici.

L'opportunità di guadagno risiede non solo nella vendita diretta, ma anche nella possibilità di sfruttare il proprio lavoro come trampolino per altre iniziative imprenditoriali, quali corsi di scrittura, workshop o servizi di consulenza editoriale. L'assenza di barriere d'ingresso permette a chiunque abbia una storia da raccontare di mettersi in gioco, rendendo il Self Publishing uno strumento democratico e accessibile. Nel corso di questo capitolo verranno approfonditi i meccanismi che rendono il Self Publishing una scelta vincente per chi desidera intraprendere un percorso indipendente, illustrando esempi pratici, strategie operative e suggerimenti utili per massimizzare il potenziale di guadagno. Le storie di successo, come quella di autori che hanno iniziato con pochi investimenti e sono diventati veri e propri brand riconosciuti nel panorama editoriale, dimostrano come la passione e la perseveranza possano trasformarsi in una fonte stabile di reddito. La flessibilità nella scelta dei formati e delle piattaforme, combinata con la possibilità di interagire direttamente con i lettori, rappresenta un vantaggio competitivo importante in un'epoca in cui la comunicazione digitale gioca un ruolo fondamentale. Un autore che si approccia al Self Publishing deve quindi essere pronto a dedicarsi non solo alla scrittura, ma anche alla gestione del marketing e della distribuzione, acquisendo competenze che vanno ben oltre il semplice atto creativo. Esempi pratici includono l'utilizzo di strumenti di analisi per monitorare le vendite e le recensioni, l'adozione di campagne pubblicitarie mirate sui social media e la partecipazione a community online di lettori e scrittori. Questo approccio integrato consente di creare una strategia di lungo termine in cui ogni decisione, dalla scelta del titolo alla definizione del prezzo, viene valutata in funzione del potenziale ritorno economico. Il Self Publishing, dunque, non rappresenta soltanto una modalità di pubblicazione, ma un vero e proprio ecosistema che abbraccia l'intera filiera editoriale, dalla creatività alla commercializzazione, e offre numerose opportunità per chi sa cogliere le tendenze e adattarsi rapidamente ai cambiamenti del mercato. La capacità di interagire direttamente con il proprio pubblico, raccogliere feedback immediati e implementare modifiche in tempo reale costituisce un vantaggio importante, poiché consente di migliorare continuamente il prodotto e di rispondere in maniera efficace alle esigenze dei lettori. Le testimonianze di autori che hanno iniziato senza particolari risorse finanziarie, sfruttando la potenza dei social network e degli strumenti digitali, costituiscono una fonte d'ispirazione per chiunque desideri cimentarsi in questa avventura. L'opportunità di guadagno nel Self Publishing, dunque, si basa su una combinazione di creatività, imprenditorialità e capacità di adattamento, elementi che, se ben coniugati, possono portare a risultati notevoli nel lungo periodo.

1.2 I vantaggi rispetto all'editoria tradizionale

Il confronto tra il Self Publishing e l'editoria tradizionale evidenzia numerosi vantaggi che rendono l'autopubblicazione un'opzione estremamente interessante per gli autori moderni. Una delle differenze più evidenti è il livello di controllo che l'autore mantiene sull'intero processo di creazione e distribuzione del libro. In un contesto editoriale tradizionale, molte decisioni riguardanti il contenuto, il design della copertina, la scelta del titolo e persino il prezzo sono prese dalla casa editrice, spesso basandosi su analisi di mercato e strategie di marketing che potrebbero non allinearsi con la visione personale dell'autore. Nel Self Publishing, invece, l'autore dispone di una libertà creativa senza precedenti, potendo sperimentare idee innovative e proporre contenuti che rispecchiano appieno il proprio stile e la propria personalità. Questa autonomia permette di evitare compromessi che potrebbero snaturare l'opera originale e consente di adattarsi rapidamente alle nuove tendenze del mercato, rendendo il prodotto finale il più fedele possibile all'intento iniziale dell'autore. Un altro aspetto rilevante riguarda la rapidità con cui il libro può essere pubblicato. Mentre il processo di revisione e approvazione nelle case editrici tradizionali può richiedere mesi o addirittura anni, il Self Publishing offre la possibilità di lanciare il proprio libro in tempi molto più brevi, rispondendo così alle esigenze di un mercato dinamico e in continua evoluzione. Questo vantaggio si rivela particolarmente utile per gli autori che desiderano cogliere l'attimo, ad esempio scrivendo libri in concomitanza con eventi di attualità o sfruttando tendenze emergenti. La gestione economica rappresenta un ulteriore punto di forza: mentre nelle case editrici tradizionali l'autore riceve una quota molto ridotta dei ricavi, spesso limitata a percentuali modeste sulle vendite, nel Self Publishing è possibile ottenere margini di profitto molto più elevati. Questo si traduce in un ritorno economico significativamente maggiore per ogni copia venduta, rendendo l'investimento di tempo e risorse ancora più remunerativo. La possibilità di fissare il proprio prezzo di vendita consente anche di sperimentare strategie di pricing dinamico, adeguando il costo del libro in base alle risposte del mercato e ai feedback dei lettori. Inoltre, la natura digitale della distribuzione, attraverso piattaforme come Amazon KDP, permette di ridurre notevolmente i costi di produzione e di distribuzione, eliminando le spese relative alla stampa e alla logistica tradizionali. Un ulteriore vantaggio è la possibilità di interagire direttamente con il proprio pubblico. Attraverso social network, newsletter e blog, l'autore può instaurare un rapporto personale e diretto con i lettori, raccogliendo feedback immediati e creando una community attiva e fidelizzata. Questa relazione diretta si traduce in una maggiore comprensione delle preferenze del pubblico, che può essere utilizzata per migliorare il contenuto e per pianificare future pubblicazioni. Esempi pratici includono autori che utilizzano piattaforme di social media per annunciare in anteprima estratti del libro, organizzare sessioni di Q&A online e lanciare campagne di pre-ordine che generano entusiasmo e aspettativa prima del lancio ufficiale. La capacità di modificare e aggiornare il contenuto in tempo reale è un ulteriore elemento distintivo: nel Self Publishing, l'autore può correggere errori, aggiornare informazioni e persino modificare parti del testo in base alle esigenze dei lettori, cosa impensabile in un contesto editoriale tradizionale dove le modifiche dopo la pubblicazione sono quasi impossibili. Questa flessibilità garantisce che il libro rimanga sempre attuale e rilevante, potendo rispondere rapidamente ai cambiamenti del mercato o a nuove informazioni emergenti. Infine, il Self Publishing rappresenta un'opportunità di crescita personale e professionale: l'autore impara a gestire ogni aspetto del processo editoriale, acquisendo competenze in ambiti che vanno dalla scrittura al marketing, dalla gestione dei dati alle tecniche di vendita online. Questo bagaglio di conoscenze si rivela prezioso anche in altri contesti lavorativi e può aprire la strada a nuove opportunità professionali. Un autore che decide di intraprendere il percorso del Self Publishing diventa, di fatto, un imprenditore, capace di adattarsi e di innovare in un mercato altamente competitivo. Le esperienze di chi ha scelto questa strada dimostrano come, con determinazione e una strategia ben definita, sia possibile superare le sfide tradizionali del mondo editoriale e raggiungere un pubblico sempre più ampio, con ritorni economici che premiano la qualità e l'originalità del lavoro svolto.

1.3 Piattaforme principali: Amazon KDP, Kobo, Apple Books, Google Play

Il panorama del Self Publishing offre una varietà di piattaforme che permettono agli autori di distribuire le proprie opere in formati digitali e cartacei, con strumenti di pubblicazione intuitivi e funzionalità pensate per massimizzare la visibilità e le vendite. Amazon KDP si configura come la piattaforma di riferimento, grazie alla sua ampia diffusione e al posizionamento privilegiato nei motori di ricerca interni ed esterni. Su Amazon KDP, l'autore può gestire in autonomia la pubblicazione del libro, impostare il prezzo, scegliere tra formati diversi e utilizzare strumenti di promozione che favoriscono la visibilità dell'opera. Numerosi autori hanno ottenuto grandi risultati sfruttando le potenzialità di questa piattaforma, grazie anche a funzionalità come il programma KDP Select, che consente di accedere a ulteriori strumenti di marketing e di ottenere maggiore visibilità in cambio dell'esclusività digitale per un periodo di tempo determinato. Un altro attore di rilievo è Kobo, piattaforma internazionale che offre un'ampia distribuzione e un'interfaccia user-friendly, particolarmente apprezzata da chi scrive in lingue diverse dall'inglese. Kobo permette di raggiungere mercati specifici e di adattare le strategie promozionali in base alle peculiarità del pubblico locale, favorendo una maggiore personalizzazione nella gestione delle vendite. Apple Books rappresenta un'opzione ideale per gli autori che desiderano sfruttare l'ecosistema Apple e accedere a un pubblico composto prevalentemente da utenti iOS, noti per la loro propensione all'acquisto di contenuti digitali di alta qualità. La distribuzione tramite Apple Books garantisce un'elevata visibilità e un'interazione diretta con una base di lettori che ricerca esperienze di lettura immersive e ben curate dal punto di vista grafico. Google Play, infine, si inserisce come una piattaforma indispensabile per chi intende raggiungere un pubblico globale, sfruttando il vasto network di dispositivi Android. La capacità di integrarsi con l'ecosistema di Google permette di ottenere una distribuzione capillare e di utilizzare strumenti di analisi avanzata per monitorare le performance del libro. Un esempio pratico riguarda un autore che ha deciso di pubblicare la propria opera su Amazon KDP e, contemporaneamente, su Kobo e Google Play per ampliare la propria audience. Questo approccio multicanale ha permesso di raggiungere lettori in mercati differenti, adattando il messaggio promozionale e il formato del libro in base alle specificità di ciascuna piattaforma. La gestione integrata dei dati di vendita e delle recensioni consente di ottimizzare continuamente la strategia di marketing, sperimentando ad esempio diverse copertine o titoli per verificare quali soluzioni attirano maggiormente l'attenzione del pubblico. Le piattaforme analizzate offrono anche strumenti per promuovere il libro in occasione di eventi particolari, come lanci in anteprima o offerte temporanee, che possono incrementare significativamente le vendite in brevi periodi.

L'accessibilità delle piattaforme digitali permette di ridurre notevolmente i costi di distribuzione, rendendo il Self Publishing un'opzione sostenibile anche per autori emergenti o con budget limitati. Inoltre, le funzionalità di supporto e assistenza offrono guide dettagliate e community online dove confrontarsi e apprendere dalle esperienze altrui. L'integrazione con i social network e le possibilità di utilizzare campagne pubblicitarie interne rappresentano ulteriori strumenti per aumentare la visibilità del libro e per interagire direttamente con i lettori. L'esperienza di autori che hanno scelto una distribuzione multicanale testimonia come la diversificazione delle piattaforme possa portare a risultati concreti, non solo in termini di vendite, ma anche di crescita del brand personale. La capacità di adattarsi alle esigenze specifiche di ciascuna piattaforma, sfruttando al massimo le funzionalità offerte e monitorando attentamente le performance, si traduce in un vantaggio competitivo che permette di emergere in un mercato sempre più affollato e competitivo, offrendo allo stesso tempo al lettore un'esperienza di lettura di qualità e ben curata.

1.4 Tipologie di libri più venduti nel Self Publishing

Il successo nel mondo del Self Publishing dipende in larga misura dalla scelta della tipologia di libro da pubblicare, dato che alcune categorie tendono a registrare vendite più elevate rispetto ad altre e a incontrare maggiormente il favore del pubblico. Tra le tipologie più vendute si annoverano i romanzi di genere, in particolare quelli appartenenti al fantasy, alla narrativa rosa e ai thriller, che grazie a trame avvincenti e personaggi ben delineati riescono a creare una forte connessione emotiva con i lettori. Un autore che decide di pubblicare un romanzo in uno di questi generi può sfruttare le community online, i forum e i gruppi di lettura per testare la trama e ottenere feedback in tempo reale, migliorando il prodotto finale in base alle aspettative del mercato. Un'altra categoria molto apprezzata è quella dei manuali e delle guide pratiche, che offrono consigli operativi e strategie applicabili a diversi ambiti della vita personale e professionale. Questi libri si caratterizzano per il loro approccio didattico e per la capacità di fornire soluzioni concrete a problemi specifici, come ad esempio strategie di marketing digitale, tecniche di scrittura efficace o metodi per la gestione del tempo. L'interesse dei lettori per contenuti pratici e immediatamente applicabili ha portato molti autori a concentrarsi su guide e manuali, ottenendo così risultati di vendita molto significativi. Altra categoria in crescita riguarda i libri di sviluppo personale e motivazionale, che rispondono al bisogno di crescita individuale e di miglioramento continuo, offrendo al lettore strumenti e tecniche per affrontare sfide quotidiane, sviluppare una mentalità positiva e raggiungere obiettivi ambiziosi. Questi libri, spesso arricchiti da testimonianze e storie di successo, risultano particolarmente efficaci nel creare un rapporto empatico con il lettore, che si riconosce nelle esperienze narrate e trova ispirazione per il proprio percorso di vita. Anche i libri per bambini e giovani adulti registrano ottime performance nel Self Publishing, grazie a storie imaginative e a un design curato che stimola la fantasia e l'apprendimento. Gli autori che scelgono questo segmento devono prestare particolare attenzione alla qualità delle illustrazioni e alla coerenza del linguaggio, elementi fondamentali per catturare l'interesse di un pubblico giovane e formativo. La diversificazione dei formati, che include eBook, audiolibri e versioni cartacee, permette di raggiungere una vasta gamma di lettori, offrendo loro la possibilità di scegliere il formato che meglio si adatta alle proprie esigenze di lettura. Un esempio pratico è rappresentato da un autore che ha deciso di scrivere un romanzo fantasy, curando non solo la trama e lo sviluppo dei personaggi, ma anche investendo tempo nella creazione di un mondo immaginario dettagliato, con mappe, glossari e appendici che arricchiscono l'esperienza di lettura. Questa attenzione ai dettagli, unitamente alla possibilità di pubblicare in diversi formati, ha permesso di raggiungere un pubblico internazionale e di ottenere feedback positivi da parte di lettori appassionati. Le statistiche del mercato del Self Publishing evidenziano come i generi narrativi e le guide pratiche siano tra i più performanti in termini di vendite, ma sottolineano anche l'importanza di saper individuare e sfruttare le nicchie di mercato. L'analisi dei trend di vendita e delle recensioni online diventa pertanto un elemento imprescindibile per orientare la scelta della tipologia di libro da pubblicare, permettendo di adattare il contenuto alle reali esigenze dei lettori e di ottimizzare la strategia di marketing. Le esperienze di autori che hanno scelto di puntare su nicchie specifiche dimostrano come, anche in un mercato molto competitivo, sia possibile ottenere risultati significativi attraverso una strategia mirata e ben definita. L'approccio combinato, che prevede una scrupolosa analisi dei dati di vendita, la ricerca di feedback e l'ottimizzazione del prodotto in base alle esigenze del pubblico, si rivela fondamentale per emergere e costruire un brand autore solido e riconoscibile. Il mondo del Self Publishing offre, dunque, molteplici opportunità per chi sa identificare i trend e valorizzare le proprie competenze, consentendo di raggiungere un pubblico sempre più vasto e variegato, e di ottenere un ritorno economico che premia la qualità e l'originalità del lavoro svolto.

1.5 Quanto si può guadagnare realisticamente?
La domanda relativa ai guadagni nel Self Publishing rappresenta uno dei punti cruciali per chi intende intraprendere questa strada, e il potenziale di profitto dipende da una combinazione di fattori che vanno dalla qualità del libro, alla strategia di marketing, fino all'abilità dell'autore di sfruttare le piattaforme di distribuzione in maniera ottimale. Le entrate possono variare significativamente: un libro ben strutturato e promosso efficacemente può generare guadagni mensili interessanti, mentre per altri autori l'inizio del percorso può rivelarsi più modesto, richiedendo tempo e costanza per costruire

una base di lettori solida. L'approccio pratico prevede di stabilire obiettivi realistici, tenendo conto della concorrenza e delle risorse disponibili. Un autore che investe nella qualità della scrittura, in una copertina professionale e in una strategia di marketing mirata ha maggiori probabilità di ottenere un ritorno economico significativo. Le percentuali di guadagno per copia venduta sono generalmente più elevate rispetto a quelle offerte dalle case editrici tradizionali, poiché in un sistema di Self Publishing l'autore trattiene una quota importante dei ricavi. Per esempio, su piattaforme come Amazon KDP è possibile ottenere fino al 70% di royalties sulle vendite di eBook, una percentuale che supera di gran lunga quella che normalmente viene corrisposta nel circuito editoriale tradizionale. La chiave per tradurre queste percentuali in guadagni concreti risiede nell'adozione di una strategia di pubblicazione che preveda l'uscita di più titoli e la creazione di un catalogo variegato. Un autore che pubblica regolarmente e riesce a fidelizzare un pubblico può beneficiare di vendite cumulative, dove ogni nuovo libro contribuisce a rafforzare la reputazione e a incrementare l'interesse dei lettori per le opere precedenti. L'utilizzo di dati e analisi, come il monitoraggio delle performance di vendita attraverso strumenti messi a disposizione dalle piattaforme, permette di affinare continuamente la strategia commerciale. Ad esempio, l'analisi delle recensioni e delle statistiche di lettura offre indicazioni preziose su quali parti del libro funzionano meglio e su come migliorare i prossimi lavori, rendendo il processo un ciclo virtuoso di apprendimento e ottimizzazione.

L'aspetto della scalabilità è particolarmente rilevante: un singolo libro può rappresentare l'inizio di un vero e proprio brand, dove l'autore, attraverso la pubblicazione di più titoli, costruisce una solida reputazione e una fanbase fedele. In questo modo, ogni nuova opera beneficia del successo di quelle precedenti, contribuendo a una crescita esponenziale dei guadagni. Gli esempi pratici di autori che hanno trasformato il Self Publishing in una fonte primaria di reddito sono numerosi: si trovano storie di scrittori che hanno iniziato con titoli di nicchia e, grazie a una gestione attenta e a strategie di marketing innovative, hanno costruito imperi editoriali che generano entrate costanti. La capacità di diversificare le fonti di reddito, ad esempio integrando il libro con corsi online, webinar o consulenze, permette inoltre di massimizzare i guadagni e di ridurre la dipendenza da un singolo titolo. Le previsioni sui guadagni non devono essere viste come cifre fisse, ma piuttosto come obiettivi raggiungibili con impegno, creatività e costante aggiornamento sulle dinamiche del mercato. Anche l'aspetto della promozione gioca un ruolo determinante: investire in campagne pubblicitarie mirate, partecipare a fiere ed eventi di settore e sfruttare il potere dei social media sono elementi fondamentali per incrementare la visibilità del libro e, di conseguenza, le vendite. La trasparenza e la capacità di adattarsi rapidamente ai feedback ricevuti dai lettori rappresentano ulteriori variabili che incidono sul successo economico del Self Publishing. Un autore che studia il mercato e sa interpretare correttamente le esigenze del pubblico potrà trasformare un investimento iniziale modesto in una fonte di guadagno stabile e in crescita, sfruttando le potenzialità offerte dalla distribuzione digitale e dalle nuove tecnologie. Il calcolo dei guadagni deve considerare, inoltre, il reinvestimento dei ricavi in nuove produzioni editoriali, creando così un ciclo di crescita continua che rafforza il brand e amplia il pubblico. La realtà del mercato editoriale indipendente dimostra che, con la giusta strategia e una visione imprenditoriale chiara, è possibile raggiungere risultati economici che superano le aspettative iniziali, rendendo il Self Publishing non solo una passione, ma anche una concreta opportunità di guadagno e di sviluppo professionale.

1.6 Le competenze necessarie per avere successo

Il successo nel mondo del Self Publishing non dipende unicamente dalla capacità di scrivere un buon libro, ma richiede una combinazione di competenze trasversali che spaziano dalla gestione del progetto editoriale al marketing digitale, passando per la conoscenza delle piattaforme di distribuzione e delle tecniche di comunicazione efficace. Un autore che intende affermarsi in questo ambito deve saper progettare e gestire l'intero ciclo di vita del libro, partendo dalla fase di ideazione e scrittura, fino alla promozione e al monitoraggio delle vendite. La capacità di scrivere in modo chiaro, coinvolgente e strutturato rappresenta naturalmente il fondamento di ogni buon progetto editoriale. Questo implica non solo la padronanza della lingua e delle tecniche narrative, ma anche la capacità di organizzare il contenuto in modo logico e coerente, in modo da rendere la lettura un'esperienza piacevole e stimolante per il pubblico. Parallelamente, è fondamentale acquisire competenze nell'ambito dell'editing e della revisione, poiché un testo privo di errori e ben curato trasmette professionalità e aumenta la credibilità dell'autore agli occhi dei lettori. Le competenze di marketing rappresentano un altro aspetto cruciale: saper promuovere il proprio libro attraverso strategie di comunicazione digitale, campagne pubblicitarie sui social media e collaborazioni con influencer e blog di settore, permette di raggiungere un pubblico sempre più vasto e di creare una community di lettori fidelizzati. L'utilizzo di strumenti di analisi, come Google Analytics o i dati messi a disposizione dalle piattaforme di distribuzione, consente di monitorare le performance del libro e di adattare la strategia di marketing in base ai risultati ottenuti. Un altro elemento chiave riguarda la capacità di utilizzare le piattaforme tecnologiche che supportano il Self Publishing. La conoscenza approfondita di strumenti come Amazon KDP, Scrivener, Vellum o Kindle Create consente di gestire in autonomia la formattazione, la pubblicazione e la distribuzione del libro, ottimizzando tempi e risorse. La padronanza di software di grafica per la creazione di copertine accattivanti, così come la capacità di gestire eventuali collaborazioni con designer esterni, rappresentano ulteriori competenze che possono fare la differenza nel successo commerciale di un titolo. Il mondo del Self Publishing richiede inoltre una mentalità imprenditoriale, in cui l'autore assume il ruolo di manager e sa prendere decisioni strategiche per il proprio brand. Questo comporta la capacità di pianificare investimenti, gestire il budget e valutare rischi e opportunità in maniera oggettiva, affinché ogni scelta sia orientata al raggiungimento di obiettivi a medio e lungo termine. Le competenze relazionali e comunicative risultano altrettanto fondamentali: instaurare rapporti diretti e trasparenti con i lettori, attraverso newsletter, blog e interazioni sui social network, permette di costruire un rapporto di fiducia e di raccogliere feedback preziosi per migliorare il prodotto editoriale. Le storie di autori che sono riusciti a combinare creatività e capacità imprenditoriali testimoniano come l'integrazione di queste competenze porti a risultati concreti, trasformando ogni progetto in un'opportunità di crescita personale e professionale. L'aggiornamento costante, la partecipazione a corsi e workshop dedicati alla scrittura, al marketing e alla gestione di progetti editoriali, costituiscono ulteriori elementi che permettono di mantenersi competitivi in un mercato dinamico e in continua evoluzione. Un autore che investe tempo e risorse nell'apprendimento di nuove tecniche e nell'aggiornamento delle proprie competenze potrà adattarsi rapidamente ai cambiamenti del mercato, sfruttando al meglio le opportunità offerte dal mondo digitale e dalle piattaforme di distribuzione. L'esperienza pratica, combinata con la formazione teorica, rappresenta il binomio vincente per affrontare le sfide del Self Publishing, trasformando ogni difficoltà in una occasione per crescere e migliorare il proprio approccio editoriale. Le esperienze di autori che hanno saputo integrare le competenze tecniche con quelle imprenditoriali sono un esempio concreto di come il successo nel Self Publishing richieda un impegno multidimensionale, capace di abbracciare aspetti creativi, tecnologici e commerciali in un percorso integrato e coerente.

1.7 I primi passi per pubblicare il tuo primo libro

Avviare il percorso per la pubblicazione del proprio primo libro attraverso il Self Publishing richiede una pianificazione attenta e metodica, che includa ogni fase dalla stesura del manoscritto alla scelta della piattaforma di distribuzione, passando per la revisione e la progettazione grafica. Il primo step consiste nell'ideazione del progetto editoriale, dove l'autore definisce chiaramente il genere, il pubblico di riferimento e gli obiettivi che intende raggiungere con la propria opera. In questa fase preliminare è utile creare una mappa concettuale o uno storyboard che permetta di organizzare le idee e strutturare il contenuto in maniera logica e coerente. Un esempio pratico potrebbe essere quello di un autore di narrativa che decide di scrivere un romanzo ambientato in un contesto storico specifico; in questo caso, la fase di ricerca diventa fondamentale, includendo l'analisi di fonti storiche, la consultazione di esperti e la raccolta di aneddoti che arricchiscono la trama. La redazione della prima bozza rappresenta il passaggio successivo, dove l'attenzione si concentra sulla fluidità della scrittura e sulla creazione di personaggi e trame che catturino l'interesse del lettore. È consigliabile scrivere senza preoccuparsi eccessivamente della perfezione, sapendo che le fasi successive di editing e revisione permetteranno di affinare il testo e correggere eventuali imperfezioni. L'utilizzo di strumenti digitali per la scrittura, come software di videoscrittura o piattaforme online, può agevolare il processo e consentire di salvare versioni intermedie del manoscritto, facilitando il confronto tra le differenti revisioni. Una volta completata la bozza iniziale, la fase di editing entra in gioco, e qui l'autore può decidere di affidarsi a servizi professionali o a collaboratori fidati, capaci di fornire un punto di vista critico e costruttivo. L'attività di editing include la correzione grammaticale, la revisione stilistica e la verifica della coerenza interna, operazioni fondamentali per garantire che il testo risulti scorrevole e privo di errori che potrebbero compromettere l'esperienza di lettura. La formattazione del libro rappresenta un ulteriore passaggio essenziale: la scelta del layout, la definizione delle dimensioni della pagina, l'impaginazione dei capitoli e la realizzazione di una copertina accattivante sono elementi che incidono notevolmente sulla percezione del libro da parte dei lettori. Le piattaforme di Self Publishing offrono strumenti dedicati per la formattazione, e l'uso di template preimpostati può facilitare questo lavoro, garantendo un risultato professionale anche per chi non dispone di competenze specifiche in materia di design grafico. La scelta della piattaforma di distribuzione è un altro aspetto cruciale: Amazon KDP, Kobo, Apple Books e Google Play rappresentano le opzioni più diffuse e offrono diversi vantaggi a seconda del target di riferimento e delle strategie promozionali adottate. Un autore che decide di pubblicare il proprio primo libro deve valutare attentamente le funzionalità di ciascuna piattaforma, considerando ad esempio le percentuali di royalties, la flessibilità nella gestione dei diritti e le possibilità di promozione offerte. L'utilizzo di un piano di lancio ben strutturato, che preveda l'organizzazione di eventi online, campagne pubblicitarie e l'attivazione di una rete di contatti e collaborazioni, contribuisce a creare un'onda positiva intorno al lancio del libro, generando interesse e stimolando le prime vendite. Un esempio concreto può riguardare un autore emergente che, prima di pubblicare il proprio romanzo, decide di creare un blog e una pagina dedicata sui social network, dove condivide estratti, aneddoti e curiosità legate alla scrittura, riuscendo così a costruire una community di potenziali lettori interessati alla sua opera. La gestione delle recensioni e dei feedback, che iniziano a fluire già dalla prima settimana di lancio, consente di apportare eventuali aggiustamenti e di rafforzare la strategia promozionale. La conoscenza degli strumenti digitali per la pubblicazione, la capacità di organizzare il lavoro in modo strutturato e la volontà di investire tempo ed energie in ogni fase del processo costituiscono i primi passi fondamentali per pubblicare il proprio primo libro con successo. L'approccio metodico e l'attenzione ai dettagli, uniti a un forte orientamento al miglioramento continuo, rappresentano il fondamento per costruire una carriera solida nel mondo del Self Publishing, dove ogni tappa del percorso contribuisce a creare un'opera di qualità e a posizionare l'autore in maniera competitiva sul mercato.

1.8 Self Publishing vs. Print on Demand

La scelta tra Self Publishing e Print on Demand riguarda soprattutto il formato in cui l'autore intende distribuire il proprio lavoro e il modo in cui gestire la produzione e la distribuzione del libro. Il Self Publishing si concentra principalmente sulla pubblicazione e sulla distribuzione in formato digitale, offrendo la possibilità di lanciare eBook e audiolibri con tempi di pubblicazione estremamente ridotti e costi contenuti. Questa modalità permette di raggiungere un pubblico globale, sfruttando piattaforme digitali che garantiscono una distribuzione capillare e una gestione semplificata delle vendite. Il Print on Demand, d'altra parte, è una soluzione ideale per quegli autori che desiderano offrire anche una versione cartacea del proprio libro, evitando l'investimento iniziale in grandi tirature e riducendo il rischio di invenduto. In un sistema di Print on Demand, le copie del libro vengono stampate solo quando un ordine viene effettuato, eliminando il problema degli stock e permettendo una gestione flessibile del magazzino. Questa modalità si integra perfettamente con il Self Publishing, consentendo agli autori di avere una presenza sia nel mondo digitale sia in quello fisico, raggiungendo lettori che prediligono il formato tradizionale. Un autore che adotta una strategia integrata può, ad esempio, offrire l'eBook ad un prezzo competitivo su piattaforme come Amazon KDP, mentre la versione cartacea viene proposta attraverso un sistema di Print on Demand, garantendo così la disponibilità immediata del libro in entrambi i formati senza dover sostenere costi fissi elevati per la stampa di copie multiple. Le piattaforme di Print on Demand offrono strumenti di gestione avanzati, che permettono di personalizzare il layout della versione stampata, scegliere la tipologia di carta, il formato e il tipo di rilegatura, in modo da rispondere alle aspettative dei lettori e mantenere un elevato standard qualitativo. L'uso combinato di Self Publishing e Print on Demand consente di sfruttare al massimo le potenzialità del mercato editoriale, offrendo una flessibilità che tradizionalmente non è stata possibile nel modello editoriale classico. Un esempio pratico è quello di un autore di saggistica che pubblica la propria opera in formato digitale per raggiungere un vasto pubblico online, integrando la distribuzione con una versione cartacea disponibile tramite Print on Demand per le librerie e per chi preferisce avere il libro in formato fisico per motivi di conservazione o per l'esperienza di lettura tradizionale. La gestione integrata di questi due formati permette di ottimizzare i costi e di adattarsi alle esigenze di segmenti di pubblico differenti, sfruttando i vantaggi competitivi di ciascun modello. Le strategie promozionali devono tenere conto di questa duplice natura, adottando tecniche di marketing differenziate per i formati digitali e cartacei, e monitorando separatamente le performance di vendita per valutare l'efficacia di ogni canale. La capacità di scegliere e combinare questi due approcci rappresenta un elemento distintivo per gli autori indipendenti, che possono così massimizzare la propria presenza sul mercato e ottenere guadagni sia dalle vendite online che da quelle tradizionali. L'integrazione tra Self Publishing e Print on Demand offre anche la possibilità di testare il mercato con contenuti diversi, raccogliendo dati e feedback per affinare ulteriormente la strategia editoriale e di distribuzione. La scelta strategica tra i due modelli dipende dalle esigenze dell'autore, dal tipo di contenuto prodotto e dal target di riferimento, e può essere personalizzata in base alle dinamiche specifiche di ciascun progetto editoriale, permettendo una gestione flessibile e adattabile alle evoluzioni del mercato.

1.9 Esempi di autori di successo
Il panorama del Self Publishing è ricco di storie ispiratrici di autori che, grazie a determinazione, creatività e un'efficace gestione delle risorse, sono riusciti a

trasformare il loro sogno in una realtà redditizia. Tra questi autori troviamo esempi che spaziano dai romanzi di fantasia ai manuali di autoaiuto, dai saggi di approfondimento agli elaborati storici, ognuno dei quali ha saputo sfruttare le potenzialità offerte dalle piattaforme digitali per emergere in un mercato altamente competitivo. Un caso particolarmente emblematico riguarda un autore che, partendo da un blog personale, ha deciso di trasformare le proprie esperienze e riflessioni in un romanzo fantasy, arricchito da dettagli e illustrazioni originali. Con una strategia di marketing basata sui social media e sulle community online, l'autore è riuscito a costruire una solida fanbase, ottenendo così vendite che hanno superato le aspettative iniziali e permettendo l'espansione del brand con ulteriori titoli nella stessa saga. Un altro esempio significativo è rappresentato da un autore di guide pratiche, che ha saputo identificare una nicchia di mercato poco esplorata: scrivere manuali dedicati all'utilizzo degli strumenti digitali per il lavoro da remoto. La sua capacità di combinare contenuti di alta qualità con strategie promozionali mirate ha portato a un successo costante, tanto che il libro è diventato un punto di riferimento per professionisti in cerca di soluzioni efficaci per la gestione del lavoro in smart working. Alcuni autori hanno sfruttato il potere delle recensioni online e dei feedback dei lettori per migliorare continuamente il proprio prodotto, trasformando ogni critica in un'opportunità per affinare il contenuto e la strategia di marketing. Le storie di successo raccontano spesso di investimenti iniziali modesti, seguiti da una crescita esponenziale grazie a una pianificazione attenta e alla capacità di adattarsi rapidamente alle dinamiche del mercato. Questi autori dimostrano che, con impegno e una strategia ben definita, è possibile superare le limitazioni del modello tradizionale e raggiungere risultati straordinari anche in un contesto altamente competitivo. Le esperienze positive di chi ha scelto il percorso del Self Publishing non solo ispirano nuovi autori, ma forniscono anche preziosi insegnamenti su come gestire le fasi di pubblicazione, promozione e distribuzione, offrendo spunti pratici e strategie operative che possono essere replicati e adattati in base alle proprie esigenze. L'importanza di una visione imprenditoriale, unita alla capacità di investire in formazione e aggiornamento continuo, emerge chiaramente dalle storie di chi ha trasformato la propria passione in un lavoro redditizio e gratificante. Questi esempi offrono anche spunti su come diversificare le fonti di reddito, ad esempio integrando il libro con corsi online, consulenze o servizi di mentoring, creando così un ecosistema editoriale completo e in grado di generare entrate costanti nel tempo. Le testimonianze di autori di successo costituiscono una fonte d'ispirazione preziosa per chiunque desideri intraprendere il percorso del Self Publishing, dimostrando che, con la giusta dose di creatività, perseveranza e capacità di adattamento, è possibile raggiungere traguardi importanti e consolidare la propria presenza nel mondo dell'editoria indipendente.

1.10 Errori comuni da evitare
Il percorso verso il successo nel Self Publishing è ricco di opportunità, ma anche di insidie che possono compromettere il raggiungimento degli obiettivi prefissati. Tra gli errori più comuni che gli autori indipendenti

commettono vi è la mancanza di pianificazione: partire senza una strategia ben definita, senza aver condotto un'adeguata analisi del mercato o senza stabilire obiettivi chiari, può portare a investimenti di tempo e risorse che non si traducono in risultati concreti. Un altro errore frequente consiste nell'affidarsi esclusivamente al talento narrativo, trascurando l'importanza delle competenze tecniche e di marketing. Un libro, per quanto ben scritto, necessita di un'adeguata revisione, di una formattazione curata e di una copertina accattivante per emergere in un mercato affollato. La scelta della piattaforma di pubblicazione è altrettanto cruciale: utilizzare strumenti o servizi non adeguati può limitare la visibilità del libro e ridurre il potenziale di guadagno. Inoltre, è importante evitare di sottovalutare la gestione delle recensioni e dei feedback: ignorare i commenti dei lettori o non intervenire per correggere eventuali criticità può compromettere la reputazione dell'autore e incidere negativamente sulle vendite future. La tentazione di puntare tutto su una singola strategia di marketing, senza sperimentare diverse tecniche promozionali, rappresenta un ulteriore rischio. L'adozione di un approccio flessibile e l'utilizzo di strumenti di analisi per monitorare costantemente le performance del libro sono elementi fondamentali per evitare questo tipo di errori. La mancanza di aggiornamento e formazione continua costituisce un aspetto critico: il mercato del Self Publishing è in continua evoluzione e non tenersi al passo con le novità tecnologiche e le strategie di comunicazione può risultare dannoso. Molti autori, infatti, trascurano l'importanza di investire in corsi di formazione o di partecipare a community di scrittori, perdendo così l'opportunità di apprendere nuove tecniche e di confrontarsi con esperienze diverse. Un altro errore comune è quello di sottovalutare l'impatto visivo del prodotto finale: una copertina mal progettata, una formattazione scadente o errori grammaticali evidenti possono allontanare i potenziali lettori e compromettere l'immagine dell'autore. L'esperienza di autori che hanno saputo rimediare a questi errori, investendo in servizi di editing professionale e in collaborazioni con designer qualificati, dimostra come una cura attenta ai dettagli possa fare la differenza nel successo di un titolo. Anche l'uso eccessivo di intermediazioni, affidandosi a servizi che promettono risultati rapidi senza un impegno concreto, rappresenta una trappola in cui molti autori si ritrovano intrappolati, spendendo risorse senza ottenere benefici reali. La trasparenza e la capacità di gestire il proprio progetto in modo autonomo sono competenze che si affiancano a quelle tecniche e creative, e che devono essere sviluppate fin dall'inizio. Un autore che desidera evitare questi errori deve, dunque, adottare un approccio metodico, pianificando ogni fase del processo editoriale e investendo in formazione e aggiornamento continuo. L'esperienza di chi ha fallito in alcuni aspetti del Self Publishing offre spunti preziosi per individuare e correggere le criticità, trasformando ogni errore in un'opportunità di crescita. L'attenzione ai dettagli, la capacità di ascoltare i feedback e la volontà di sperimentare nuove strategie sono elementi essenziali per costruire un percorso di successo, che permetta di consolidare la propria reputazione e di ottenere risultati economici soddisfacenti. La consapevolezza degli errori comuni e la volontà di evitarli rappresentano il primo passo per trasformare una passione in un'attività imprenditoriale redditizia e sostenibile nel tempo.

Esercizi di fine capitolo

1. Raccogliere informazioni e creare una mappa concettuale: Scegli un'idea per un libro e analizza, attraverso ricerche online, quali sono i trend e le nicchie di mercato in cui quell'idea potrebbe inserirsi. Crea una mappa concettuale che includa il genere, il pubblico target, i canali di distribuzione e possibili strategie di promozione. Annota le fonti consultate e spiega il motivo per cui ritieni che questa idea possa avere successo nel panorama del Self Publishing.

2. Pianificazione del progetto editoriale: Redigi un piano dettagliato per la pubblicazione del tuo primo libro. Il piano deve includere le fasi di scrittura, revisione, formattazione, scelta della piattaforma e strategia di lancio. Inserisci anche un budget approssimativo e una timeline con scadenze specifiche. Cerca di includere esempi pratici e di motivare ogni scelta con ragioni concrete basate su studi di casi reali.

3. Valutazione critica di un caso di successo: Scegli uno degli autori di successo citati o un autore emergente di cui hai trovato informazioni affidabili. Analizza il percorso seguito, le strategie adottate per la promozione e la gestione del

proprio brand, e identifica almeno tre fattori chiave che hanno contribuito al loro successo. Scrivi una relazione in cui metti a confronto questi fattori con le best practice suggerite in questo capitolo, individuando eventuali aree di miglioramento applicabili anche al tuo progetto.

Capitolo 2: Scelta dell'Argomento e Ricerca di Mercato

2.1 L'importanza di scegliere un argomento profittevole

Scegliere un argomento profittevole rappresenta la base fondamentale per costruire un progetto di Self Publishing di successo. Quando un autore decide di investire tempo ed energie nella scrittura di un libro, è essenziale che la tematica scelta non solo rispecchi le sue passioni e competenze, ma anche che risponda a una reale domanda del mercato. La capacità di identificare un argomento che interessi un pubblico vasto e che sia in linea con le tendenze attuali può fare la differenza tra un progetto che fatica a decollare e uno che, invece, genera vendite costanti. Un argomento profittevole deve essere studiato nel contesto del mercato, considerando elementi quali la concorrenza, il target di lettori, e le possibilità di espansione in futuri progetti correlati. Un autore, ad esempio, che si appresta a scrivere un manuale su tecniche di digital marketing dovrà analizzare le ricerche online, partecipare a forum di settore e osservare i libri già pubblicati in quell'ambito per capire quali lacune esistono. L'obiettivo è individuare un segmento di mercato che, pur essendo in crescita, non sia saturo di proposte simili, in modo da potersi posizionare come riferimento. La scelta dell'argomento va supportata da una ricerca accurata che includa l'analisi dei trend di mercato, l'osservazione delle dinamiche sui social network e il confronto con le recensioni dei lettori su piattaforme come Amazon o Goodreads. Ad esempio, un autore che desidera scrivere un libro di auto-aiuto potrebbe notare che la maggior parte dei titoli esistenti si concentra su tecniche motivazionali generiche, mentre il pubblico mostra un crescente interesse per approcci personalizzati e basati su esperienze concrete. La capacità di cogliere queste sfumature consente di proporre un prodotto editoriale in grado di rispondere a esigenze specifiche e di differenziarsi dalla concorrenza. Un'altra considerazione importante è la possibilità di monetizzare ulteriormente il libro attraverso corsi, webinar o sessioni di consulenza che approfondiscano l'argomento trattato, trasformando il libro in un vero e proprio hub di conoscenza. Il successo economico, infatti, non si misura solamente attraverso il numero di copie vendute, ma anche attraverso la capacità di creare un ecosistema di contenuti e servizi che alimenti il brand dell'autore. L'analisi preliminare dell'argomento richiede quindi un approccio multidimensionale: l'autore deve coniugare le proprie passioni con un'analisi oggettiva delle opportunità di mercato, utilizzando dati, feedback e osservazioni dirette per validare la scelta. La pianificazione attenta di questo aspetto è particolarmente importante per evitare investimenti eccessivi in progetti che, seppur ben scritti, potrebbero non trovare un pubblico interessato. Ogni idea, inoltre, va valutata anche in termini di scalabilità, ovvero della possibilità di svilupparla in una serie di titoli o in prodotti complementari che possano mantenere alta l'attenzione del pubblico nel tempo. Un autore che sceglie un argomento profittevole non si limita a scrivere un libro, ma crea le basi per un'intera attività imprenditoriale nel settore dell'editoria indipendente. La capacità di integrare la passione personale con un'analisi accurata del mercato è ciò che permette di trasformare un'idea in un progetto editoriale vincente e sostenibile, capace di generare guadagni non solo nel breve termine, ma di consolidarsi nel tempo attraverso una strategia ben definita e adattabile ai cambiamenti del mercato.

2.2 Come analizzare la domanda e la concorrenza

Analizzare la domanda e la concorrenza rappresenta un passaggio cruciale per valutare la validità di un argomento nel Self Publishing e per definire le strategie di differenziazione. Questo processo inizia con la raccolta di dati, che possono essere ottenuti da strumenti di analisi online, sondaggi, forum di settore e le recensioni dei lettori. Un autore interessato a scrivere su un tema specifico, per esempio l'educazione finanziaria per giovani, dovrà esaminare le tendenze di ricerca utilizzando strumenti come Google Trends per capire se vi è un aumento di interesse e quali sono le aree di maggiore richiesta. L'analisi della domanda prevede anche l'osservazione del comportamento del pubblico sui social media: partecipare a gruppi, leggere commenti e interagire con i lettori può fornire informazioni preziose sulle aspettative e sulle esigenze degli utenti. La conoscenza approfondita della concorrenza è altrettanto fondamentale; bisogna studiare i libri già presenti sul mercato, verificare il numero di copie vendute, il feedback dei lettori e identificare i punti di forza e di debolezza delle opere concorrenti. Un autore può, ad esempio, analizzare diversi manuali di crescita personale per notare che molti di essi non approfondiscono aspetti pratici legati alla gestione quotidiana delle finanze. Questo gap rappresenta un'opportunità per proporre un libro che unisca teoria e pratiche concrete, rispondendo a una domanda non ancora soddisfatta. L'analisi della concorrenza va condotta con strumenti come Publisher Rocket o Amazon Best Sellers Rank, che offrono una panoramica delle performance dei titoli e permettono di identificare nicchie non completamente esplorate. La raccolta di queste informazioni consente di definire il proprio posizionamento: un autore deve chiaramente individuare come il proprio libro si distinguerà dai concorrenti, evidenziando il valore aggiunto che offre e le soluzioni pratiche che propone. Un esempio pratico può essere rappresentato da un autore che, notando una forte presenza di titoli che trattano di tecniche di risparmio, decide di concentrarsi su strategie di investimento a basso rischio per principianti, un segmento ancora poco coperto. La capacità di identificare le esigenze specifiche del pubblico e di confrontarsi con ciò che il mercato già offre permette di definire un'offerta editoriale mirata e innovativa. Questo processo di analisi richiede tempo e un approccio metodico, basato sulla raccolta di dati quantitativi e qualitativi, e sulla capacità di interpretare le informazioni per orientare la scelta dell'argomento. La fase di analisi della domanda e della concorrenza non si limita a valutare la fattibilità economica, ma aiuta anche a costruire una strategia di comunicazione e marketing che evidenzi i punti di forza del proprio prodotto. L'autore, in questo modo, si prepara a lanciare il libro con una proposta chiara e differenziata, capace di attrarre l'attenzione di lettori in cerca di soluzioni originali e approfondite. Il processo analitico diventa dunque uno strumento indispensabile per minimizzare i rischi e per massimizzare il potenziale di successo nel panorama competitivo del Self Publishing.

2.3 Strumenti per la ricerca di mercato (Google Trends, Publisher Rocket, ecc.)

L'utilizzo di strumenti per la ricerca di mercato rappresenta una fase strategica per ogni autore che desidera validare l'idea di un libro e comprendere le dinamiche del pubblico di riferimento. Tra i tool più diffusi troviamo Google Trends, Publisher Rocket, SEMrush e altri strumenti di analisi che consentono di raccogliere dati accurati sulle tendenze di ricerca e sul comportamento degli utenti online. Google Trends, ad esempio, permette di analizzare il volume di ricerca per specifiche parole chiave, evidenziando l'interesse del pubblico nel tempo e offrendo la possibilità di confrontare più termini per capire quale possa risultare più efficace per il titolo o il contenuto del libro. Un autore che sta pensando di scrivere un libro sul benessere mentale potrà utilizzare Google Trends per verificare se le ricerche correlate a "mindfulness", "stress management" e "tecniche di rilassamento" sono in crescita, confermando così la rilevanza dell'argomento. Publisher Rocket, d'altro canto, è uno strumento specifico per il mondo del Self Publishing che fornisce dati dettagliati sul mercato di Amazon, consentendo di scoprire quali categorie sono più competitive e quali parole chiave generano più traffico. Con questo tool, un autore può individuare i titoli di maggior successo in una determinata nicchia, analizzando il loro ranking, le recensioni e il prezzo medio, in modo da definire una strategia di posizionamento per il proprio libro. Altri strumenti, come SEMrush, offrono una panoramica sul traffico organico e a pagamento di siti web e pagine correlate, fornendo informazioni utili per comprendere come i lettori cercano informazioni e come vengono raggiunti i contenuti online. L'integrazione di questi strumenti consente di avere una visione a 360 gradi del mercato editoriale, aiutando l'autore a prendere decisioni informate e a strutturare un progetto editoriale basato su dati concreti. L'utilizzo di tool di analisi non si limita alla fase di ricerca iniziale, ma si rivela utile anche nel monitoraggio continuo delle performance del libro una volta pubblicato, permettendo di ottimizzare strategie di marketing e di posizionamento in base ai risultati ottenuti. Un esempio pratico è quello di un autore che utilizza Publisher Rocket per analizzare la concorrenza in una nicchia specifica, individuando parole chiave a bassa concorrenza e sfruttandole nel titolo e nella descrizione del libro, ottenendo così un migliore posizionamento nei risultati di ricerca di Amazon. Questi strumenti offrono inoltre la possibilità di verificare la stagionalità di certi argomenti, permettendo di pianificare il lancio del libro in periodi di maggiore interesse e domanda. L'integrazione di dati provenienti da fonti diverse consente di creare un quadro completo e dettagliato, su cui basare la strategia editoriale e commerciale. La capacità di interpretare i dati raccolti e di trasformarli in azioni concrete rappresenta un vantaggio competitivo importante, che consente di rispondere alle esigenze del mercato in modo tempestivo ed efficace. L'uso regolare di questi strumenti diventa quindi un elemento imprescindibile per chiunque desideri intraprendere un percorso di Self Publishing basato su una solida analisi di mercato e su una strategia di comunicazione mirata.

2.4 Come trovare nicchie redditizie

Trovare nicchie redditizie significa individuare segmenti di mercato specifici in cui la domanda è elevata, ma l'offerta di contenuti di qualità è limitata. Questo processo richiede un'analisi approfondita dei dati e la capacità di individuare trend emergenti o aree ancora poco esplorate dalla concorrenza. Un autore che desidera concentrarsi su una nicchia redditizia, ad esempio, potrebbe iniziare analizzando i trend di ricerca tramite Google Trends, verificando se ci sono argomenti che registrano un incremento costante nel tempo. Una nicchia redditizia è spesso caratterizzata da una comunità di appassionati disposta a spendere per contenuti che rispondano alle proprie esigenze specifiche. Un esempio pratico può essere rappresentato dal settore della cucina etnica, dove un autore specializzato potrebbe trovare spazio per un libro che raccolga ricette autentiche e storie di tradizioni culinarie poco conosciute al grande pubblico. Un'altra strategia per individuare nicchie redditizie è quella di esaminare le recensioni dei libri esistenti su piattaforme come Amazon o Goodreads, cercando commenti che evidenzino richieste insoddisfatte o argomenti trattati superficialmente. Queste osservazioni possono rivelarsi preziose indicazioni per colmare il divario tra ciò che il mercato offre e ciò che i lettori cercano veramente. Strumenti come Publisher Rocket aiutano anche in questo senso, fornendo dati sulle parole chiave e permettendo di valutare la concorrenza in specifici segmenti. L'autore, armato di queste informazioni, può decidere di focalizzarsi su un sottogenere particolare, che rappresenta una nicchia ben definita, e creare un'offerta editoriale mirata che parli direttamente alle esigenze di quel target. La specializzazione in una nicchia redditizia comporta il vantaggio di diventare un punto di riferimento per un pubblico specifico, facilitando la costruzione di una community fidelizzata e l'implementazione di strategie di marketing di nicchia. Un autore che si affida a questo approccio deve curare con attenzione sia la ricerca preliminare sia la produzione di contenuti di alta qualità, in modo da ottenere recensioni positive e un passaparola favorevole. La scelta di una nicchia redditizia non si basa soltanto sul potenziale economico, ma anche sulla passione e la competenza dell'autore nel trattare quell'argomento, elementi che contribuiscono a creare un prodotto editoriale autentico e convincente. La capacità di comunicare in maniera efficace con un pubblico di nicchia permette inoltre di instaurare rapporti diretti e di raccogliere feedback continui, elementi utili per migliorare costantemente il prodotto e per pianificare nuove uscite correlate. L'attenzione al dettaglio, supportata da dati e analisi di mercato, consente di orientare la produzione editoriale verso segmenti che offrono margini di guadagno elevati e una crescita sostenibile nel tempo. Un esempio concreto può riguardare un autore che, osservando un crescente interesse per il fitness a casa, decide di scrivere un libro che unisca esercizi pratici a consigli nutrizionali, rivolgendosi a un pubblico interessato a soluzioni efficaci e a basso costo per mantenersi in forma. La strategia di specializzazione su una nicchia permette di distinguersi nel panorama editoriale e di costruire un brand personale solido, che favorisce il successo a lungo termine nel mondo del Self Publishing.

2.5 Libri di finzione vs. Libri di non finzione: quale scegliere?

La scelta tra libri di finzione e libri di non finzione rappresenta una delle decisioni strategiche più importanti per un autore che intende intraprendere il percorso del Self Publishing. Questa decisione va ponderata sulla base delle proprie competenze, passioni e, soprattutto, della domanda di mercato. I libri di finzione, che spaziano dal romanzo al racconto breve, offrono l'opportunità di esprimere la creatività narrativa e di coinvolgere i lettori in storie immaginifiche e coinvolgenti. La narrazione di una storia, con personaggi ben sviluppati e trame avvincenti, permette di creare un legame emotivo con il pubblico, il quale può diventare parte di una community di fan appassionati. D'altra parte, i libri di non finzione, che includono guide pratiche, manuali e saggi, puntano a fornire conoscenze concrete e soluzioni operative a problemi reali. Questi testi, spesso strutturati in modo didattico e ricchi di esempi pratici, sono particolarmente apprezzati da un pubblico in cerca di informazioni utili e di strumenti per migliorare aspetti specifici della propria vita personale o professionale. La scelta tra le due categorie dipende, innanzitutto, dalla natura dell'argomento che l'autore desidera trattare: chi ha una forte vena narrativa e vuole creare mondi immaginari, potrebbe orientarsi verso la finzione, mentre chi possiede competenze tecniche o esperienze professionali rilevanti potrebbe trovare maggiore soddisfazione e successo nel settore della non finzione. Un autore di libri di non finzione ha il vantaggio di poter sfruttare la sua esperienza personale e professionale per fornire contenuti autentici e verificabili, rendendo il libro uno strumento prezioso per chi cerca di apprendere nuove tecniche o approfondire tematiche specifiche. Un esempio pratico riguarda un professionista del marketing che, avendo maturato anni di esperienza, decide di scrivere un manuale sulle strategie di digital marketing; in questo caso, il libro non solo diventa un veicolo per condividere conoscenze, ma anche un modo per consolidare il proprio brand personale e aprire ulteriori opportunità di consulenza e formazione. Al contrario, un autore di narrativa ha la possibilità di sperimentare stili e generi differenti, creando opere che possono spaziare dal thriller al fantasy, offrendo al lettore un'esperienza emotiva e coinvolgente. La scelta deve tener conto anche della concorrenza: in alcuni settori della non finzione il mercato può essere molto competitivo, richiedendo un approccio innovativo e una forte specializzazione per emergere, mentre la finzione offre ampi spazi per la creatività, anche se in questo caso è importante distinguersi per originalità e qualità della scrittura. L'analisi delle recensioni dei libri esistenti, la consultazione di dati di vendita e la partecipazione a community di lettori possono aiutare a definire quale tra le due categorie presenti maggiori opportunità in termini di guadagni e di posizionamento sul mercato. Un autore che sa sfruttare i propri punti di forza e che ha ben chiaro il target a cui si rivolge può orientarsi in modo efficace verso la scelta più adatta alle proprie aspirazioni e al potenziale di mercato. La decisione tra finzione e non finzione non è mai definitiva: molti autori sperimentano entrambe le strade nel corso della loro carriera, integrando elementi narrativi e informativi per creare opere ibride che offrono sia intrattenimento che conoscenza. La capacità di adattarsi e di reinventarsi è fondamentale in un mercato dinamico come quello del Self Publishing, dove l'innovazione e la capacità di rispondere alle esigenze del pubblico rappresentano leve importanti per il successo editoriale.

2.6 Generi più venduti e tendenze attuali

L'analisi dei generi più venduti e delle tendenze attuali riveste un ruolo determinante nel processo di scelta dell'argomento, poiché consente di orientare la produzione editoriale verso settori che mostrano un elevato interesse da parte dei lettori. La ricerca di mercato basata su dati di vendita e sulle recensioni permette di identificare quali generi siano in crescita e quali siano in fase di saturazione. Ad esempio, negli ultimi anni il genere della narrativa romantica e dei thriller psicologici ha registrato una notevole espansione, mentre il settore dei saggi motivazionali continua a rimanere stabile grazie alla continua richiesta di contenuti di auto-aiuto. L'osservazione delle tendenze, supportata dall'uso di strumenti come Google Trends e dai report di vendita delle principali piattaforme di Self Publishing, permette di delineare un quadro chiaro del mercato e di individuare le opportunità più promettenti. Un autore che intende scrivere un romanzo può analizzare i dati relativi al genere scelto e verificare quali tematiche o sottogeneri siano maggiormente apprezzati dal pubblico. Ad esempio, la narrativa fantasy ha sempre un pubblico fedele, ma all'interno di questo genere è possibile differenziare ulteriormente l'offerta puntando su sottogeneri specifici come il dark fantasy o il fantasy urbano, che attirano lettori in cerca di esperienze diverse. Parallelamente, i libri di non finzione che trattano temi come la crescita personale, l'innovazione tecnologica o il benessere psicofisico continuano a mostrare un'alta richiesta, soprattutto in periodi di crisi o cambiamenti sociali, quando il pubblico è alla ricerca di strumenti e strategie per affrontare le sfide quotidiane. Le tendenze attuali evidenziano anche una crescente attenzione verso i contenuti che integrano la sostenibilità, la salute e il benessere, settori che offrono ampie possibilità di sviluppo editoriale per autori capaci di combinare informazione, analisi e spunti pratici. L'analisi dei dati di vendita, unita all'osservazione dei commenti e delle recensioni online, consente di individuare le aree in cui il mercato è ancora in evoluzione e dove l'offerta di contenuti di alta qualità è carente. Un autore che decide di orientarsi verso uno di questi generi potrà così sfruttare il vantaggio competitivo offerto da una nicchia in crescita, capitalizzando sulla propria competenza e sulla capacità di offrire contenuti innovativi. La conoscenza delle tendenze attuali non si limita a un'analisi dei numeri, ma richiede anche un ascolto attento del feedback del pubblico, partecipando a community online e monitorando le discussioni sui social network. Questo approccio integrato permette di creare un'offerta editoriale in linea con le esigenze dei lettori e di adattarsi rapidamente alle evoluzioni del mercato, garantendo una maggiore probabilità di successo commerciale. Un esempio pratico può riguardare un autore di saggi che, osservando l'aumento dell'interesse per il tema della mindfulness e della gestione dello stress, decide di scrivere un libro che unisca teoria, esercizi pratici e testimonianze di esperti, offrendo così una soluzione completa e integrata al problema. La capacità di anticipare le tendenze e di adattare il proprio progetto editoriale alle richieste del mercato rappresenta un elemento chiave per differenziarsi in un settore altamente competitivo come quello del Self Publishing. La combinazione di dati, osservazioni dirette e feedback dei lettori costituisce una solida base per sviluppare progetti editoriali mirati e di successo, capaci di rispondere efficacemente alle sfide del mercato attuale.

2.7 Analisi delle recensioni per capire il pubblico

L'analisi delle recensioni rappresenta un potente strumento per comprendere le aspettative e le esigenze dei lettori, offrendo un feedback diretto su cosa funziona e cosa potrebbe essere migliorato in un determinato genere o argomento. Leggere le recensioni dei libri già pubblicati permette di identificare i punti di forza e le criticità percepite dal pubblico, fornendo indicazioni preziose per orientare la propria offerta editoriale. Un autore che si prepara a scrivere un manuale sulla produttività, ad esempio, può esaminare le recensioni dei bestseller in quella categoria per capire quali strumenti e consigli risultino particolarmente apprezzati, e quali aspetti invece vengano criticati. Questo tipo di analisi permette di delineare un profilo del lettore ideale e di comprendere meglio il linguaggio, lo stile e le aspettative del pubblico di riferimento. Le recensioni online su piattaforme come Amazon e Goodreads forniscono un'ampia varietà di opinioni, che spaziano dalle valutazioni positive alle critiche costruttive, offrendo un quadro completo delle esigenze dei lettori. Un esempio pratico riguarda un autore che intende scrivere un libro di cucina per diete particolari: analizzando le recensioni di altri titoli presenti sul mercato, potrà notare se i lettori richiedano maggiori dettagli sulle ricette, informazioni nutrizionali più approfondite o suggerimenti su abbinamenti alimentari. Queste informazioni, se integrate nel proprio progetto editoriale, possono contribuire a creare un libro che risponda esattamente alle esigenze del target. L'analisi delle recensioni richiede anche la capacità di distinguere tra feedback soggettivi e osservazioni che rispecchiano una tendenza reale del mercato. Ad esempio, commenti che evidenziano una scarsa qualità dell'impaginazione o errori grammaticali non sono solo critiche personali, ma indicazioni su aspetti tecnici che vanno curati per offrire un prodotto professionale. In questo contesto, l'autore può decidere di investire in servizi di editing e revisione per garantire che il prodotto finale sia in linea con gli standard attesi dai lettori. Un ulteriore beneficio derivante dall'analisi delle recensioni è la possibilità di utilizzare il feedback raccolto per aggiornare e migliorare le versioni successive del libro, creando così un ciclo virtuoso di miglioramento continuo. Molti autori di successo utilizzano le recensioni non solo per affinare il proprio lavoro, ma anche per comunicare direttamente con il pubblico, rispondendo ai commenti e raccogliendo suggerimenti per future pubblicazioni. Questa interazione diretta rafforza il legame con i lettori e contribuisce a costruire una community attiva e fidelizzata.

L'osservazione delle recensioni può inoltre fornire spunti per nuove idee editoriali: ad esempio, se un libro molto apprezzato riceve richieste di approfondimenti su determinati argomenti, l'autore può considerare la possibilità di scrivere un volume complementare che approfondisca quegli aspetti, creando così un ecosistema editoriale coerente e integrato. La capacità di interpretare il feedback del pubblico e di tradurlo in azioni concrete rappresenta un vantaggio competitivo importante, in quanto consente di adeguare il prodotto alle esigenze reali dei lettori, migliorandone la qualità e, di conseguenza, il potenziale di vendita. L'analisi approfondita delle recensioni diventa quindi uno strumento strategico, che va ben oltre il semplice monitoraggio delle valutazioni, trasformandosi in una guida operativa per orientare ogni aspetto del processo creativo e di distribuzione del libro. L'importanza di questo approccio risiede nel fatto che il mercato del Self Publishing è dinamico e in continua evoluzione, e solo attraverso un'attenta analisi del feedback si può sperare di rimanere competitivi e di soddisfare le crescenti aspettative di un pubblico sempre più esigente. Un autore che dedica tempo e risorse a studiare le recensioni dei titoli di successo acquisisce una conoscenza profonda del mercato, che può tradursi in scelte editoriali più mirate e in una maggiore capacità di innovazione.

2.8 Costruire una strategia a lungo termine

Costruire una strategia a lungo termine nel Self Publishing richiede una visione chiara, obiettivi ben definiti e la capacità di adattarsi ai cambiamenti del mercato nel tempo. L'approccio strategico non si limita al lancio di un singolo libro, ma implica la creazione di un intero ecosistema editoriale che comprenda una serie di opere interconnesse, un brand autore solido e un piano di marketing strutturato. Un autore che mira a costruire una carriera sostenibile deve considerare ogni pubblicazione come un tassello fondamentale per la costruzione della propria reputazione e per la fidelizzazione del pubblico. La strategia a lungo termine inizia con la definizione degli obiettivi, che possono spaziare dall'incremento delle vendite, all'espansione in mercati internazionali, fino alla diversificazione delle fonti di reddito attraverso prodotti correlati come corsi online, webinar o consulenze. Un esempio pratico riguarda un autore di libri di auto-aiuto che, dopo il successo del primo titolo, decide di sviluppare una serie di volumi che approfondiscono tematiche correlate, creando così un percorso di crescita personale per il lettore. La pianificazione strategica prevede anche l'analisi dei dati di vendita e delle performance promozionali, che devono essere monitorati e valutati costantemente per poter apportare eventuali correzioni al percorso. L'utilizzo di strumenti di analisi e la raccolta di feedback attraverso le recensioni e le interazioni sui social media permettono di avere una visione chiara delle dinamiche di mercato, rendendo possibile l'adattamento della strategia alle esigenze dei lettori e alle evoluzioni del settore. Una strategia a lungo termine ben definita implica inoltre la gestione coordinata dei vari canali di distribuzione: l'autore deve saper utilizzare piattaforme digitali, librerie online e persino collaborazioni con influencer e blogger per ampliare la visibilità del proprio brand. L'integrazione di azioni promozionali, campagne pubblicitarie e partecipazioni ad eventi di settore contribuisce a mantenere alta l'attenzione sul proprio prodotto editoriale, creando un effetto cumulativo che rafforza la posizione dell'autore nel mercato. La capacità di prevedere le tendenze e di anticipare le esigenze del pubblico rappresenta un altro elemento chiave nella costruzione di una strategia a lungo termine: investire nella formazione continua, partecipare a workshop e aggiornarsi costantemente sulle innovazioni tecnologiche e sui nuovi strumenti di marketing permette di rimanere competitivi e di innovare il proprio approccio editoriale. L'attenzione ai dettagli, unita alla flessibilità e alla capacità di adattamento, consente di trasformare ogni sfida in un'opportunità per crescere e per consolidare la propria presenza nel mercato del Self Publishing. Un autore che adotta una visione strategica a lungo termine non si limita a lanciare un singolo titolo, ma lavora per creare un'intera piattaforma di contenuti che dialoga con il pubblico su più livelli, generando un impatto duraturo e incrementando il valore del proprio brand. La pianificazione integrata di tutte queste componenti, supportata da una costante analisi dei dati e da una gestione oculata delle risorse, è ciò che permette di costruire una carriera solida e di trasformare la passione per la scrittura in un'attività redditizia e sostenibile nel tempo.

2.9 Testare idee con contenuti gratuiti (blog, social media)

Testare idee attraverso contenuti gratuiti rappresenta un metodo efficace per validare la propria proposta editoriale e per raccogliere feedback preziosi direttamente dal pubblico. La creazione di un blog, la partecipazione attiva sui social media e la pubblicazione di articoli o estratti gratuiti permettono di sperimentare vari approcci e di verificare quali siano le tematiche e gli stili che generano maggiore interesse e coinvolgimento. Un autore che intende lanciare un nuovo progetto editoriale può iniziare condividendo contenuti di qualità, come post, video o podcast, che affrontano aspetti dell'argomento su cui intende scrivere. Ad esempio, un autore che sta valutando di scrivere un libro sul benessere psicofisico potrebbe pubblicare articoli sul blog che illustrano tecniche di rilassamento, storie di successo o consigli pratici per migliorare la propria routine quotidiana. Questi contenuti, condivisi attraverso piattaforme social come Facebook, Instagram o LinkedIn, permettono di testare l'interesse del pubblico e di raccogliere commenti e suggerimenti utili per affinare la proposta editoriale. La sperimentazione tramite contenuti gratuiti non solo offre un'anteprima del potenziale successo del progetto, ma consente anche di costruire una community attiva e fidelizzata, che potrà diventare il primo bacino di lettori una volta pubblicato il libro. La condivisione di contenuti gratuiti permette inoltre di posizionarsi come esperti nel settore, aumentando la credibilità e la visibilità dell'autore. Un esempio pratico riguarda un autore di guide di viaggio che, prima di scrivere il libro completo, decide di pubblicare una serie di post sul blog che descrivono itinerari poco conosciuti, suggerimenti pratici e foto esclusive. L'interazione con i lettori, attraverso commenti e condivisioni, fornisce informazioni preziose su quali siano gli aspetti più apprezzati e su eventuali argomenti da approfondire nel libro. La possibilità di sperimentare vari formati e stili comunicativi permette di capire quali siano le strategie di content marketing più efficaci per il proprio target, consentendo di apportare eventuali modifiche prima del lancio ufficiale del libro. Un approccio graduale e basato sulla sperimentazione rappresenta una garanzia per ridurre i rischi di un investimento editoriale non validato dal mercato e per orientare la produzione verso contenuti che rispondano realmente alle esigenze dei lettori. La raccolta di dati attraverso sondaggi online, analisi delle interazioni e monitoraggio delle performance dei contenuti pubblicati costituisce un'ulteriore risorsa per definire una strategia di lancio e per pianificare la distribuzione del libro in maniera mirata. Questo metodo di test e validazione è particolarmente utile per gli autori che si affacciano per la prima volta al mondo del Self Publishing, poiché permette di acquisire una conoscenza diretta delle dinamiche di mercato e di adattare il proprio progetto editoriale in base alle risposte del pubblico. L'interazione costante con i lettori e il monitoraggio dei feedback costituiscono strumenti fondamentali per perfezionare l'idea iniziale, trasformando ogni suggerimento in un'opportunità di crescita e miglioramento. L'uso strategico dei contenuti gratuiti diventa così un vero e proprio banco di prova, in cui l'autore può sperimentare senza il rischio di investimenti ingenti, raccogliendo dati che saranno determinanti per il successo del progetto editoriale una volta che questo verrà pubblicato.

2.10 Evitare argomenti inflazionati o senza mercato

Uno degli errori più comuni nel Self Publishing consiste nel scegliere argomenti che, sebbene possano sembrare di tendenza, risultano in realtà saturi o privi di una domanda concreta da parte del pubblico. L'identificazione di un argomento inflazionato o senza mercato può portare a investire tempo e risorse in un progetto che fatica a trovare il proprio spazio in un panorama editoriale già saturo. Per evitare questo rischio, è fondamentale condurre una ricerca approfondita e analizzare il mercato in modo critico, utilizzando strumenti di analisi delle tendenze e monitorando le performance di titoli simili. Ad esempio, un autore potrebbe essere attratto dall'idea di scrivere un libro su temi di crescita personale, ma se analizza il mercato, potrebbe notare che esistono già numerosi titoli che trattano l'argomento in maniera simile, con recensioni che evidenziano una mancanza di originalità o di approfondimento. In questi casi, è importante valutare se esiste un'angolazione innovativa che possa differenziare il proprio lavoro oppure se sia il caso di orientarsi verso un tema meno saturo. L'analisi delle recensioni e dei dati di vendita, supportata da strumenti come Publisher Rocket e Google Trends, consente di individuare le aree in cui la domanda è alta ma l'offerta è insufficiente, fornendo spunti utili per scegliere un argomento che garantisca un ritorno economico e un coinvolgimento autentico del pubblico. Un esempio pratico potrebbe riguardare un autore interessato a scrivere sulla sostenibilità ambientale: sebbene l'argomento sia di grande attualità, il mercato potrebbe essere già saturo di guide generiche, rendendo difficile emergere. In questo caso, l'autore potrebbe decidere di concentrarsi su un aspetto specifico, come l'impatto delle tecnologie verdi nelle piccole imprese, creando così un prodotto di nicchia e innovativo. L'attenzione deve essere rivolta anche a evitare argomenti che non generano interesse reale, nonostante possano apparire promettenti sulla carta. Questo implica l'analisi del volume di ricerca, delle interazioni sui social network e del feedback degli utenti, per accertarsi che l'argomento scelto sia effettivamente ricercato e apprezzato dal pubblico. Un altro aspetto importante è la capacità di distinguere tra una moda passeggera e un trend duraturo: investire in un argomento che si rivela temporaneo può comportare una rapida obsolescenza del prodotto, compromettendo il ritorno economico a lungo termine. La scelta di argomenti innovativi e meno battuti, che però rispondono a esigenze concrete, permette di posizionarsi in maniera distintiva nel mercato e di creare un brand autore riconoscibile. L'analisi critica e la pianificazione accurata sono strumenti essenziali per evitare di cadere nella trappola degli argomenti inflazionati o senza mercato, e per orientare il progetto editoriale verso segmenti in cui il pubblico è effettivamente alla ricerca di nuove proposte. L'autore deve imparare a riconoscere le dinamiche di saturazione del mercato e a investire in nicchie che, pur essendo meno popolari, offrono maggiori opportunità di emergere e di fidelizzare un pubblico appassionato. Questo approccio richiede una costante attività di monitoraggio e aggiornamento, in modo da rimanere sempre allineati alle evoluzioni del mercato e alle nuove tendenze emergenti, garantendo così la longevità e il successo del progetto editoriale.

Esercizi di fine capitolo

1. Scegli un argomento che ti appassiona e analizza i dati di ricerca utilizzando Google Trends e

Publisher Rocket. Crea un report che includa grafici e osservazioni sulle tendenze, evidenziando se l'argomento è in crescita o saturo. Spiega come questi dati influenzerebbero la tua decisione di scrivere su quell'argomento.

2. Conduci un'analisi delle recensioni di almeno cinque libri simili al tema che intendi trattare. Raccogli feedback e suggerimenti dei lettori, individuando punti di forza e debolezza dei titoli esistenti. Redigi un documento che riassuma le principali lacune evidenziate e come il tuo libro potrebbe colmare questi vuoti.

3. Sviluppa una bozza di strategia a lungo termine per il tuo progetto editoriale. Includi obiettivi specifici, una timeline di pubblicazione, canali di distribuzione e idee per integrare il libro con contenuti gratuiti online (blog, post social, video). Descrivi come intendi monitorare e adattare la tua strategia in base ai feedback e alle tendenze del mercato.

Capitolo 3: Scrivere un Libro di Successo

3.1 Strutturare un libro in modo efficace

La struttura di un libro rappresenta l'ossatura fondamentale su cui poggia l'intera opera, ed è essenziale pianificarla con cura per garantire che il contenuto sia organizzato in maniera chiara e coerente, favorendo la comprensione e il coinvolgimento del lettore. Una buona struttura non solo facilita il processo di scrittura, ma aiuta anche l'autore a mantenere una visione d'insieme del progetto, consentendo di suddividere il lavoro in sezioni gestibili e di creare un percorso logico che guidi il lettore attraverso le varie fasi del racconto o dell'argomentazione. Partendo dalla definizione di un'idea centrale, è utile elaborare una scaletta dettagliata che suddivida il libro in capitoli e paragrafi, ciascuno con un obiettivo specifico e collegato al filo conduttore dell'opera. Un esempio pratico potrebbe essere un romanzo storico, dove la struttura potrebbe prevedere un'introduzione che contestualizzi il periodo, capitoli che seguono lo sviluppo degli eventi principali, e una parte finale in cui vengono tirate le fila delle vicende e vengono offerte riflessioni sugli impatti storici. In un manuale o in un libro di non finzione, invece, la struttura deve essere pensata in modo da guidare il lettore passo dopo passo, partendo dalla presentazione dell'argomento, passando per l'esposizione dei concetti e terminando con esercizi pratici o conclusioni che rafforzino le informazioni fornite. Un'altra tecnica efficace consiste nell'utilizzo di sezioni ripetitive o schemi ricorrenti che rendano il contenuto più digeribile, come l'uso di box informativi, riepiloghi a fine capitolo o domande per stimolare il pensiero critico. L'importanza di una struttura ben definita risiede anche nella capacità di facilitare l'editing e la revisione: quando il materiale è organizzato in maniera logica, è più semplice individuare eventuali incongruenze, ripetizioni o punti deboli che necessitano di essere riscritti o riorganizzati. Per ottenere una struttura efficace, l'autore deve essere disposto a modificare la scaletta iniziale man mano che il lavoro procede, integrando nuove idee e adeguando il percorso narrativo in risposta a feedback interni o esterni. Questo approccio iterativo permette di affinare l'organizzazione del contenuto, garantendo che ogni parte del libro contribuisca in maniera armonica al messaggio complessivo. Strumenti come mappe mentali e diagrammi di flusso possono rivelarsi estremamente utili per visualizzare la struttura e per individuare eventuali punti di discontinuità. Ad esempio, un autore che sta scrivendo un libro su come avviare un business online potrebbe creare una mappa concettuale che colleghi le varie fasi del processo imprenditoriale, dal concepimento dell'idea alla gestione quotidiana, suddividendo il libro in sezioni tematiche che facilitino la consultazione da parte del lettore. La capacità di strutturare in modo efficace un libro comporta anche una pianificazione attenta delle transizioni tra i capitoli: il flusso narrativo deve essere fluido e naturale, in modo da evitare bruschi salti logici che possano confondere il lettore. La scelta di titoli chiari e descrittivi per ogni sezione aiuta a stabilire aspettative e a fornire un'indicazione immediata del contenuto che seguirà, creando un'esperienza di lettura più soddisfacente e coinvolgente. La flessibilità nell'adattare la struttura durante il processo di scrittura è un elemento chiave per il successo del progetto editoriale, in quanto permette di rispondere alle esigenze emergenti e di integrare nuove prospettive man mano che il contenuto si evolve. La pratica di rivedere costantemente la scaletta e di aggiornarla in base a nuove intuizioni rappresenta un passo fondamentale per garantire che il libro mantenga sempre un equilibrio tra coerenza, chiarezza e originalità. Un autore che investe tempo nella strutturazione del proprio libro crea le basi per un'opera solida, che non solo attira e trattiene l'attenzione del lettore, ma facilita anche il lavoro di revisione e di eventuale adattamento in formati diversi, come l'eBook o la versione cartacea, garantendo così un'esperienza di lettura completa e appagante.

3.2 Tecniche di scrittura chiara e coinvolgente

La scrittura chiara e coinvolgente è il risultato di una combinazione di tecniche narrative e di una profonda comprensione delle esigenze del lettore, elementi che permettono di trasmettere il messaggio in maniera efficace e di mantenere alta l'attenzione lungo tutto il percorso del libro. L'utilizzo di un linguaggio semplice e diretto, che evita giri di parole e frasi troppo complesse, è una delle chiavi principali per raggiungere questo obiettivo, soprattutto in un'epoca in cui la rapidità nella lettura e l'attenzione frammentata sono caratteristiche comuni del pubblico moderno. Un esempio pratico può essere riscontrato nei manuali di auto-aiuto, in cui il linguaggio deve essere accessibile e privo di termini tecnici eccessivamente specialistici, in modo da rendere le idee facilmente comprensibili anche a chi non possiede una formazione specifica. La tecnica della narrazione "mostra, non dire" può essere particolarmente utile per rendere il testo più vivido e coinvolgente: anziché limitarsi a descrivere concetti in modo astratto, l'autore può utilizzare esempi concreti, storie reali o aneddoti personali per illustrare i punti chiave e creare un legame emotivo con il lettore. Questa tecnica permette di trasformare un concetto potenzialmente noioso in un'esperienza di lettura dinamica e interattiva, in cui il lettore si sente partecipe e coinvolto. Anche la varietà stilistica gioca un ruolo importante: alternare periodi brevi a periodi più articolati, inserire domande retoriche e utilizzare metafore o analogie aiuta a mantenere il ritmo della narrazione e a evitare la monotonia. Un autore che desidera scrivere in modo chiaro e coinvolgente deve inoltre prestare attenzione alla coerenza del tono e allo stile espositivo, mantenendo una voce narrativa che rispecchi la propria personalità e che risulti autentica per il lettore. La scelta di verbi attivi, evitando eccessi di forme passive, contribuisce a rendere il testo più dinamico e immediato, mentre l'utilizzo di paragrafi ben strutturati facilita la lettura e la comprensione. Un ulteriore aspetto riguarda l'importanza di revisionare il testo non solo per correggere errori grammaticali, ma anche per eliminare ripetizioni, semplificare frasi complesse e affinare l'uso del linguaggio. Questo processo di editing, che può avvenire in diverse fasi, è fondamentale per ottenere un prodotto finale di alta qualità, capace di comunicare in maniera diretta ed efficace. L'esperienza di autori che hanno saputo padroneggiare le tecniche di scrittura chiara e coinvolgente dimostra come l'adozione di un approccio narrativo orientato al lettore possa fare la differenza tra un libro apprezzato e uno che fatica a trovare il proprio pubblico. Un esempio concreto potrebbe essere quello di un autore che, scrivendo un romanzo, alterna dialoghi vivaci a descrizioni dettagliate, creando una narrazione che cattura l'attenzione sin dalle prime pagine e che offre spunti di riflessione attraverso l'uso sapiente delle immagini e delle emozioni. La cura nel scegliere le parole giuste e nel costruire frasi che abbiano un impatto emotivo è un elemento che si affina con la pratica e con la costante attenzione alle reazioni dei lettori, che possono fornire feedback preziosi per migliorare il proprio stile. L'utilizzo di tecniche narrative, come l'anticipazione degli eventi o il cliffhanger alla fine dei capitoli, mantiene alta la curiosità del lettore, inducendolo a proseguire la lettura per scoprire cosa accadrà nei passaggi successivi. La capacità di rendere il testo accessibile e coinvolgente rappresenta, quindi, un asset fondamentale per ogni autore che desidera creare un libro di successo, capace di comunicare in maniera efficace e di instaurare un legame duraturo con il proprio pubblico.

3.3 Come mantenere alta la motivazione nella scrittura

Mantenere alta la motivazione durante il lungo processo di scrittura è una sfida che molti autori devono affrontare, poiché la realizzazione di un libro richiede impegno costante, disciplina e la capacità di superare momenti di blocco creativo. La motivazione si alimenta attraverso la pianificazione di obiettivi chiari e raggiungibili, che possano fungere da tappe intermedie nel percorso di scrittura, permettendo all'autore di misurare i progressi e di celebrare anche i piccoli successi lungo il cammino. Un autore che si impegna a scrivere un libro può stabilire una routine quotidiana o settimanale, dedicando un numero fisso di ore alla scrittura e suddividendo il lavoro in sezioni gestibili, come capitoli o scene. L'uso di tecniche come il "pomodoro", che prevede brevi sessioni di lavoro intervallate da pause rigeneranti, aiuta a mantenere alta la concentrazione e a evitare la stanchezza mentale. Un esempio pratico può essere riscontrato nell'esperienza di scrittori che, programmando sessioni di scrittura mattutine, riescono a creare una routine che stimola la produttività e riduce la tentazione di procrastinare. Il supporto di una community di scrittori, sia online che offline, è un'altra risorsa preziosa per mantenere la motivazione: condividere le proprie difficoltà, scambiare suggerimenti e celebrare i traguardi raggiunti con altri appassionati della scrittura può rappresentare un incentivo significativo per superare momenti di dubbio o di blocco creativo. Inoltre, fissare obiettivi a breve termine, come completare un capitolo o una sezione in un determinato arco di tempo, aiuta a creare un senso di realizzazione costante che alimenta la voglia di proseguire.

L'importanza di concedersi momenti di pausa e di rigenerazione mentale è altrettanto fondamentale: attività come la lettura, l'ascolto di musica o semplicemente una passeggiata all'aria aperta possono ricaricare le energie e stimolare nuove idee, rompendo il ciclo di monotonia che spesso porta al calo motivazionale. L'utilizzo di strumenti di pianificazione, come agende, app di produttività o semplici liste di cose da fare, permette di avere un quadro chiaro degli obiettivi giornalieri e settimanali, facilitando la gestione del tempo e delle energie. Un esempio concreto riguarda un autore che decide di organizzare il proprio lavoro in blocchi tematici, dedicando ogni giorno un focus diverso – ad esempio, un giorno alla scrittura dei dialoghi, un altro alla descrizione dei luoghi – in modo da variare il tipo di attività e mantenere viva la creatività. L'atteggiamento mentale positivo gioca un ruolo determinante: coltivare la consapevolezza che ogni parola scritta è un passo verso la realizzazione del proprio sogno aiuta a superare i momenti di incertezza e a trasformare le difficoltà in opportunità di crescita. La capacità di auto-motivarsi, attraverso la visualizzazione dei risultati futuri e il ricordo delle ragioni che hanno spinto a intraprendere questo percorso, costituisce un elemento chiave per mantenere l'energia e la passione necessarie durante l'intero processo di scrittura. Anche l'atto di scrivere un diario personale in cui annotare pensieri, progressi e sfide incontrate può rivelarsi utile per monitorare l'evoluzione del proprio stato d'animo e per trovare spunti motivazionali in momenti di difficoltà. L'impegno costante e la perseveranza sono ingredienti indispensabili per portare a termine un progetto editoriale, e la capacità di mantenere alta la motivazione si traduce non solo in un maggior numero di pagine scritte, ma anche in una qualità narrativa superiore che rispecchia la passione e la dedizione dell'autore. Il riconoscimento del proprio percorso, attraverso il confronto con le proprie performance passate e il feedback di colleghi e lettori, rafforza ulteriormente la determinazione e contribuisce a trasformare la scrittura in un'esperienza gratificante e stimolante.

3.4 L'importanza della revisione e dell'editing

La revisione e l'editing rappresentano fasi imprescindibili nel processo di scrittura, in quanto consentono di affinare il contenuto e di trasformare una bozza grezza in un'opera di qualità, pronta per essere condivisa con il pubblico. Queste fasi non si limitano alla correzione di errori grammaticali e ortografici, ma coinvolgono un'analisi approfondita dello stile, della coerenza narrativa e della struttura complessiva del libro. Un autore che dedica tempo all'editing è in grado di migliorare la fluidità del testo, eliminare ridondanze e rendere il messaggio più incisivo, elementi fondamentali per garantire un'esperienza di lettura soddisfacente. Un esempio pratico può essere rappresentato da uno scrittore che, dopo aver completato una prima stesura di un romanzo, si prende una pausa per poi rileggere il testo con occhi nuovi, individuando parti che risultano poco chiare o trame che necessitano di essere approfondite. La revisione consiste in più fasi: la prima, detta auto-revisione, è un momento di confronto personale in cui l'autore esamina il testo alla ricerca di incoerenze, passaggi troppo lunghi o dialoghi poco naturali. Successivamente, l'editing esterno, affidato a professionisti o a beta reader, offre una visione oggettiva e critica che può evidenziare problematiche non notate in fase di scrittura. L'uso di strumenti digitali, come software di controllo grammaticale e programmi di editing, integra questo processo, permettendo di correggere errori formali in maniera rapida e accurata. Un autore che investe in un editing professionale aumenta le possibilità di successo del libro, poiché un testo ben curato trasmette professionalità e rispetto per il lettore. Un esempio concreto riguarda un manuale di self-help, il cui successo dipende non solo dalla validità delle informazioni, ma anche dalla chiarezza dell'esposizione: una revisione accurata può trasformare un testo denso e tecnico in una guida accessibile e motivante, capace di raggiungere un pubblico ampio e variegato. L'editing richiede una mentalità aperta al cambiamento e la capacità di accogliere critiche costruttive, trasformandole in opportunità per migliorare il prodotto finale. La collaborazione con editor professionisti o gruppi di scrittura, che offrono feedback regolari e dettagliati, è un modo efficace per rafforzare la qualità narrativa e per identificare eventuali punti deboli che potrebbero compromettere la comprensione o l'impatto emotivo del testo. Un ulteriore vantaggio della revisione è la possibilità di rivedere la struttura del libro, verificando che ogni capitolo, ogni paragrafo e ogni frase contribuiscano a una narrazione coerente e ben bilanciata. Questa fase è particolarmente importante in libri di non finzione, dove la chiarezza espositiva e la logica interna rappresentano criteri fondamentali per garantire l'efficacia del messaggio. L'approccio iterativo alla revisione – in cui il testo viene analizzato e rielaborato in più cicli – permette di affinare progressivamente il contenuto, creando un'opera che rispetta elevati standard qualitativi e che risponde alle aspettative del lettore. La revisione e l'editing sono, quindi, momenti di trasformazione in cui il lavoro dell'autore passa da una bozza iniziale a un prodotto finito, in cui la cura per i dettagli e l'attenzione alla forma si traducono in una maggiore credibilità e professionalità. Un autore che dedica la giusta attenzione a queste fasi dimostra non solo la propria passione per la scrittura, ma anche il desiderio di offrire un'esperienza di lettura eccellente, che valorizzi il contenuto e lo renda capace di competere in un mercato sempre più esigente.

3.5 Gli strumenti per scrivere e correggere un libro
Il panorama degli strumenti digitali a disposizione degli autori è in continua evoluzione e offre una vasta gamma di risorse che semplificano il processo di scrittura e revisione, rendendo possibile concentrarsi maggiormente sul contenuto e meno sui dettagli tecnici. Software di videoscrittura, piattaforme collaborative e strumenti di editing rappresentano alleati fondamentali per chi intende realizzare un libro di successo, consentendo di gestire il lavoro in modo organizzato e di ridurre al minimo gli errori formali. Ad esempio, programmi come Microsoft Word, Scrivener o Google Docs offrono funzionalità avanzate per la gestione dei documenti, la formattazione automatica, la creazione di sommari e l'uso di commenti per annotare modifiche da apportare. Scrivener, in particolare, si distingue per la sua capacità di organizzare documenti lunghi in sezioni e capitoli, permettendo all'autore di avere una visione d'insieme del progetto e di navigare facilmente tra le varie parti del testo. Oltre agli strumenti di scrittura, esistono numerosi programmi di correzione grammaticale e di stile, come Grammarly, ProWritingAid o LanguageTool, che analizzano il testo in tempo reale, suggerendo correzioni e miglioramenti che possono contribuire a rendere la scrittura più fluida e priva di errori. Un autore che si affida a questi strumenti può ottenere un feedback immediato sulle proprie scelte linguistiche, risparmiando tempo prezioso durante la fase

di editing e garantendo un livello di qualità elevato. Le piattaforme collaborative, come Google Docs o software di gestione dei progetti, permettono di condividere il lavoro con editor, beta reader o colleghi, facilitando il processo di revisione e la raccolta di feedback esterni. Un esempio pratico potrebbe essere quello di un autore che, lavorando in team, utilizza una piattaforma cloud per raccogliere commenti e suggerimenti da parte di un gruppo di revisori, rendendo il processo di correzione più dinamico e interattivo. Inoltre, strumenti specifici per la formattazione, come Kindle Create o Vellum, semplificano la preparazione del libro per la pubblicazione su piattaforme come Amazon KDP, consentendo di creare un layout professionale senza dover ricorrere a competenze avanzate di grafica. Questi strumenti permettono di gestire in maniera automatizzata aspetti come l'impaginazione, la creazione di sommari interattivi e l'ottimizzazione del testo per diversi formati, garantendo una presentazione uniforme e di alta qualità. L'utilizzo combinato di strumenti di scrittura e correzione rappresenta un vantaggio competitivo importante per l'autore, poiché consente di ridurre il rischio di errori e di ottimizzare il tempo dedicato alla creazione del contenuto, lasciando spazio alla creatività e all'innovazione. La familiarità con queste risorse tecnologiche è divenuta oggi una competenza fondamentale per chiunque desideri intraprendere il percorso del Self Publishing, poiché la capacità di sfruttare al meglio gli strumenti a disposizione si traduce in una maggiore efficienza e in un prodotto finale di qualità superiore. Un autore che investe tempo nell'apprendere il funzionamento di questi software non solo migliora la propria produttività, ma si dota anche degli strumenti necessari per competere in un mercato sempre più dinamico e competitivo. La scelta degli strumenti più adatti va effettuata in base alle esigenze specifiche del progetto e al tipo di libro che si intende scrivere, valutando attentamente le funzionalità offerte e l'interfaccia utente. La costante evoluzione tecnologica richiede un aggiornamento continuo, che permetta di integrare nuove funzionalità e di sfruttare le innovazioni che migliorano il processo creativo e di pubblicazione. Un autore che abbraccia questa mentalità tecnologica non solo ottimizza il proprio lavoro, ma si prepara anche ad affrontare con successo le sfide del mercato editoriale contemporaneo, dove l'efficienza e la professionalità sono elementi chiave per emergere e fidelizzare il pubblico.

3.6 Creare un titolo e una copertina accattivanti

Il titolo e la copertina di un libro costituiscono la prima impressione che un potenziale lettore riceve e rappresentano elementi essenziali per catturare l'attenzione in un mercato altamente competitivo. La scelta di un titolo efficace richiede una riflessione approfondita, poiché deve sintetizzare il contenuto dell'opera in maniera intrigante, evocativa e facilmente memorizzabile. Un buon titolo non solo deve rispecchiare il tema principale del libro, ma deve anche comunicare un messaggio che inviti alla scoperta, stimolando la curiosità del lettore e distinguendosi dalla massa di titoli simili presenti sul mercato. Un esempio pratico può essere riscontrato nel settore dei romanzi gialli, dove un titolo che richiama mistero e suspense, abbinato a una copertina che utilizza colori scuri e immagini evocative, può fare la differenza nel convincere il lettore a scegliere quel libro tra tanti. La copertina, a sua volta, deve essere studiata come un vero e proprio strumento di marketing: un design curato, che rispetti gli standard del settore e che rifletta l'atmosfera e il contenuto del libro, è in grado di comunicare professionalità e originalità. Lavorare con designer professionisti o utilizzare software di grafica per creare una copertina personalizzata sono strategie che possono garantire un risultato accattivante e di impatto. Un autore che desidera attirare l'attenzione del lettore deve considerare anche l'importanza dei colori, della tipografia e delle immagini: la combinazione di questi elementi deve creare un'armonia visiva che trasmetta l'essenza del libro e che inviti alla lettura. Un esempio concreto riguarda un autore di saggistica che, trattando temi di innovazione tecnologica, sceglie un titolo che trasmette dinamismo e modernità, abbinato a una copertina caratterizzata da elementi grafici minimalisti e colori accesi, in modo da attirare un pubblico giovane e attento alle novità. La coerenza tra titolo e copertina è fondamentale: il titolo deve essere integrato nel design in maniera armoniosa, in modo da rendere l'insieme facilmente riconoscibile e memorizzabile. L'utilizzo di strumenti di testing, come sondaggi online o gruppi di lettura, può aiutare a valutare l'efficacia del titolo e della copertina prima del lancio ufficiale, offrendo feedback preziosi per eventuali modifiche. Inoltre, è utile studiare le tendenze di mercato e analizzare i titoli e le copertine dei best seller del proprio genere, in modo da individuare elementi comuni che funzionano bene e che possono essere adattati in maniera creativa al proprio progetto. Un autore deve essere disposto a sperimentare e a modificare il design fino a quando non si raggiunge una soluzione che trasmetta al meglio l'identità del libro, tenendo conto delle preferenze del target di riferimento e delle caratteristiche del mercato. La cura posta nella scelta del titolo e della copertina non è un mero esercizio estetico, ma rappresenta un investimento strategico, poiché questi elementi influenzano direttamente la decisione d'acquisto del lettore e il posizionamento del libro nelle piattaforme di vendita. Un titolo ben scelto e una copertina di impatto possono infatti aumentare notevolmente la visibilità e le probabilità di successo commerciale, fungendo da catalizzatori per le campagne promozionali e per il passaparola. La capacità di comunicare il valore dell'opera attraverso un'immagine visiva e un messaggio sintetico è un'arte che richiede equilibrio tra creatività e strategia, e che può fare la differenza tra un libro che passa inosservato e uno che diventa un vero fenomeno editoriale. Investire tempo e risorse in questa fase iniziale significa preparare il terreno per un lancio di successo e per la costruzione di un brand autore riconoscibile e affidabile nel tempo.

3.7 L'importanza di una formattazione professionale

La formattazione professionale è un aspetto cruciale che incide notevolmente sull'esperienza di lettura e sulla percezione della qualità di un libro, indipendentemente dal fatto che si tratti di un eBook o di una versione cartacea. Un testo ben formattato presenta una struttura visiva che facilita la lettura, evidenzia i passaggi chiave e permette al contenuto di essere fruito in maniera fluida e piacevole. La formattazione non riguarda soltanto la scelta dei font o la disposizione dei paragrafi, ma comprende anche l'uso corretto degli spazi, l'impaginazione, la gestione degli stili e la creazione di elementi grafici come titoli, sottotitoli, note a piè di pagina e indici. Un autore che desidera trasmettere professionalità e cura del dettaglio deve considerare la formattazione come una parte integrante del processo creativo, investendo tempo ed energie per ottenere un risultato che rispecchi l'alta qualità del contenuto. Un esempio pratico può essere rappresentato da un manuale di business, in cui la chiarezza e l'ordine visivo del testo sono fondamentali per permettere al lettore di individuare facilmente le informazioni e applicare i consigli proposti. L'utilizzo di software specializzati, come Adobe InDesign, Kindle Create o Vellum, può facilitare notevolmente questo compito, offrendo template preimpostati e strumenti di personalizzazione che garantiscono una resa professionale anche a chi non possiede competenze avanzate di grafica. La scelta del formato, la dimensione dei caratteri, il colore e l'allineamento dei testi devono essere studiati per creare un equilibrio visivo che non distragga dal contenuto, ma che al contrario lo esalti. Un'altra considerazione importante riguarda la compatibilità tra i vari dispositivi di lettura: mentre la formattazione per un eBook deve adattarsi a schermi di dimensioni diverse e garantire una buona leggibilità su dispositivi mobili, la versione cartacea richiede una cura particolare nella disposizione dei margini, nella scelta della carta e nella definizione di spazi bianchi che favoriscano la lettura prolungata. Un autore che cura la formattazione del proprio libro dimostra attenzione per il lettore e per l'esperienza complessiva di fruizione del contenuto, elementi che incidono positivamente sulle recensioni e sul passaparola. Un esempio concreto riguarda un autore di narrativa che, utilizzando Kindle Create, riesce a impostare una formattazione che si adatta perfettamente ai diversi formati di eReader, garantendo al contempo una resa elegante e leggibile anche nella versione stampata, grazie a una revisione attenta della spaziatura, dei titoli e degli stili di paragrafo. L'uso di guide e manuali, messi a disposizione dalle piattaforme di Self Publishing, aiuta a comprendere le specifiche tecniche e a evitare errori comuni, come il cattivo allineamento o la mancata conversione di elementi grafici, che potrebbero compromettere la qualità finale del prodotto. La formattazione professionale diventa quindi un elemento distintivo che non solo valorizza il contenuto, ma che consente anche di ridurre il rischio di rifiuto da parte delle piattaforme di distribuzione, che spesso applicano standard rigorosi per la pubblicazione dei titoli. Investire in una buona formattazione significa, in ultima analisi, prendersi cura del lettore e garantire un'esperienza di lettura piacevole e senza interruzioni, elemento essenziale per fidelizzare il pubblico e per ottenere risultati commerciali soddisfacenti. La cura dei dettagli, dalla scelta dei font alla gestione degli stili, si traduce in un prodotto finale che rispecchia l'impegno e la professionalità dell'autore, creando una base solida per il successo nel competitivo mondo del Self Publishing.

3.8 Differenze tra eBook e versione cartacea
Il mondo dell'editoria indipendente offre la possibilità di pubblicare opere in diversi formati, e comprendere le

differenze tra l'eBook e la versione cartacea è essenziale per sfruttare al meglio le potenzialità di ciascun formato e per definire una strategia di distribuzione efficace. L'eBook, essendo un prodotto digitale, offre numerosi vantaggi in termini di rapidità di distribuzione, costi contenuti e possibilità di aggiornamento, mentre la versione cartacea, sebbene comporti spese maggiori e tempi di produzione più lunghi, conserva un fascino tangibile che molti lettori apprezzano per l'esperienza sensoriale della lettura. Un autore che decide di pubblicare in entrambi i formati deve essere consapevole delle peculiarità tecniche e delle aspettative del pubblico, adattando il contenuto e la presentazione a ciascuna piattaforma. Ad esempio, la formattazione di un eBook deve garantire una perfetta leggibilità su schermi di dimensioni variabili, da tablet a smartphone, e deve prevedere la possibilità di personalizzare la dimensione del testo in base alle preferenze del lettore. Strumenti come Kindle Create facilitano questa operazione, permettendo di convertire un manoscritto in un formato digitale che si adatta automaticamente ai vari dispositivi. La versione cartacea, d'altra parte, richiede una particolare attenzione alla scelta della carta, alla dimensione del libro, ai margini e all'impaginazione, in modo da offrire una qualità estetica e funzionale che soddisfi le aspettative dei lettori tradizionali. Un esempio pratico riguarda un romanzo che viene pubblicato in formato eBook con un design minimalista e interattivo, mentre la versione cartacea viene arricchita da una copertina particolarmente curata e da elementi grafici che valorizzano la presentazione fisica del libro. Un altro aspetto da considerare riguarda il processo di distribuzione: gli eBook possono essere distribuiti in maniera globale con pochi clic, raggiungendo un vasto pubblico in tempi ridotti, mentre la distribuzione della versione cartacea può prevedere l'utilizzo di piattaforme di Print on Demand, che consentono di evitare l'investimento iniziale in grandi tirature e di stampare il libro solo su richiesta del lettore. L'adozione di un modello ibrido, che integri sia la versione digitale che quella fisica, permette di massimizzare la copertura del mercato e di soddisfare le preferenze di diversi segmenti di pubblico. Un autore che si avvale di entrambi i formati può, ad esempio, lanciare inizialmente l'eBook per testare il mercato e raccogliere feedback, per poi procedere alla pubblicazione della versione cartacea una volta confermata la domanda. L'analisi dei costi e dei margini di profitto varia notevolmente tra i due formati: mentre l'eBook offre margini di guadagno più elevati per copia, la versione cartacea può rappresentare un investimento più consistente ma al contempo rafforzare il brand autore grazie alla sua presenza fisica in librerie e biblioteche. La capacità di adattare il contenuto e la presentazione a ciascun formato è un elemento chiave per ottenere il massimo dalla propria opera, e richiede una conoscenza approfondita delle piattaforme di pubblicazione e delle preferenze del target di riferimento. La scelta tra eBook e versione cartacea non è necessariamente una questione di esclusività, ma può essere vista come un'opportunità per diversificare le fonti di guadagno e per offrire un'esperienza di lettura completa e versatile. L'uso di feedback e dati di vendita per monitorare le performance di ciascun formato consente di adattare la strategia di marketing e di ottimizzare la distribuzione, garantendo così che ogni versione risponda efficacemente alle esigenze dei lettori. La capacità di integrare entrambi i formati in una strategia editoriale ben definita rappresenta un vantaggio competitivo importante, che consente di raggiungere un pubblico ampio e variegato, valorizzando al contempo l'unicità e la qualità dell'opera.

3.9 Quando è necessario assumere un ghostwriter

Decidere di assumere un ghostwriter rappresenta una scelta strategica che può risolvere problematiche legate al tempo, alla competenza tecnica o alla capacità di esprimere al meglio le proprie idee, e si rivela particolarmente utile in situazioni in cui l'autore possiede una storia o una conoscenza approfondita di un argomento ma fatica a tradurla in parole in maniera efficace. Un ghostwriter, essendo un professionista della scrittura, è in grado di interpretare la visione dell'autore e di trasformarla in un testo coerente e accattivante, rispettando il tono, lo stile e le aspettative del pubblico di riferimento. L'assunzione di un ghostwriter diventa opportuna quando il tempo a disposizione dell'autore è limitato oppure quando si ritiene che una competenza specifica nella scrittura possa fare la differenza per il successo del libro. Un esempio pratico riguarda un imprenditore che ha accumulato anni di esperienza nel settore della tecnologia, ma che non dispone delle abilità narrative necessarie per scrivere un manuale efficace; in questo caso, affidarsi a un ghostwriter permette di valorizzare la conoscenza tecnica, trasformandola in un prodotto editoriale di alta qualità. Il processo di selezione di un ghostwriter richiede attenzione e valutazioni accurate, tra cui la verifica del portfolio, l'analisi delle referenze e un colloquio preliminare per capire se il professionista è in grado di cogliere e riprodurre la voce dell'autore. Il ghostwriter lavora in stretta collaborazione con il committente, ricevendo briefing dettagliati e materiale di riferimento che garantiscano la coerenza del messaggio. La collaborazione, se ben gestita, può portare a un risultato che rispecchia fedelmente la visione originale, arricchita dalla capacità narrativa e dall'esperienza tecnica del professionista incaricato. Un'altra situazione in cui il ricorso a un ghostwriter può essere vantaggioso è quando l'autore intende produrre opere in serie o quando desidera mantenere un ritmo di pubblicazione elevato: in questi casi, il supporto di un professionista consente di garantire una qualità costante e di rispettare scadenze serrate senza compromettere l'originalità e l'autenticità del contenuto. Un ghostwriter, inoltre, può offrire una prospettiva esterna che contribuisce a migliorare la struttura, lo stile e la chiarezza del testo, elementi fondamentali per la riuscita dell'opera editoriale. L'investimento in un ghostwriter va valutato in termini di costi-benefici, considerando che una collaborazione ben riuscita può incrementare notevolmente il valore del libro, permettendo di raggiungere un pubblico più ampio e di generare maggiori guadagni. La scelta di affidarsi a un ghostwriter non deve essere vista come una rinuncia alla propria voce, ma piuttosto come un'opportunità per potenziare il progetto editoriale e per focalizzarsi sugli aspetti strategici e promozionali, lasciando al professionista il compito di rendere la narrazione scorrevole e coinvolgente. La capacità di gestire una collaborazione efficace, basata su comunicazione chiara e obiettivi condivisi, è fondamentale per trarre il massimo vantaggio da questa scelta, che può trasformare un'idea valida in un prodotto editoriale di grande impatto. Il ghostwriter, integrato in un team di supporto, contribuisce a creare un ecosistema in cui la competenza narrativa e la conoscenza tecnica si fondono per offrire un risultato che supera le aspettative, garantendo una presenza solida nel mercato del Self Publishing.

3.10 Strategie per creare una serie di libri

Creare una serie di libri rappresenta un'opportunità strategica per costruire un brand autore solido e per fidelizzare il pubblico nel tempo, sfruttando l'effetto cumulativo delle vendite e la continuità narrativa. La strategia per realizzare una serie di libri inizia con la definizione di un concept centrale che possa essere declinato in più opere, ciascuna delle quali arricchisce il mondo narrativo o tematico creato dall'autore. Un esempio pratico può essere rappresentato da una saga fantasy, in cui la storia si sviluppa attraverso diversi volumi che seguono le vicende dei protagonisti e approfondiscono il contesto storico e mitologico in cui si muovono. La pianificazione di una serie richiede una visione a lungo termine e un'attenzione particolare alla coerenza interna: ogni libro deve essere autonomo dal punto di vista narrativo, ma allo stesso tempo contribuire a creare un filo conduttore che leghi insieme l'intera saga. La definizione dei personaggi principali, degli archi narrativi e dei temi ricorrenti è fondamentale per garantire che il pubblico riconosca e apprezzi il valore aggiunto di una serie di opere interconnesse. La creazione di una serie offre inoltre l'opportunità di sfruttare il passaparola e di costruire una community di lettori fedeli, che si affezionano ai personaggi e alle storie e sono propensi a seguire l'evoluzione della saga nel tempo. Un autore che intende sviluppare una serie deve considerare anche le implicazioni economiche: ogni nuovo volume non solo contribuisce al fatturato, ma rafforza il brand e aumenta la visibilità complessiva, rendendo più agevole l'ingresso in mercati internazionali o in nuovi segmenti di pubblico. La strategia per creare una serie di libri deve includere una pianificazione accurata delle tempistiche di pubblicazione, in modo da mantenere costante l'interesse dei lettori e da garantire che ogni volume venga lanciato in un momento di massima visibilità. L'uso di teaser, anteprime e campagne promozionali dedicate ai fan della saga può contribuire a creare un senso di attesa e a consolidare il rapporto con il pubblico. Un'altra tecnica efficace consiste nel creare materiale aggiuntivo, come guide, mappe, glossari e contenuti esclusivi, che arricchiscono l'esperienza di lettura e che incentivano il coinvolgimento emotivo dei lettori. L'approccio editoriale per una serie di libri deve essere flessibile, in modo da consentire eventuali modifiche o integrazioni in base ai feedback ricevuti dai lettori, garantendo che il progetto rimanga dinamico e in linea con le aspettative del mercato. La sinergia tra la narrazione principale e i contenuti aggiuntivi permette di creare un ecosistema editoriale in cui ogni elemento si rafforza a vicenda, aumentando il valore percepito dell'intera serie e incentivando l'acquisto dei volumi successivi. Un autore che costruisce una serie con una strategia ben definita dimostra la capacità di pianificare e di gestire progetti editoriali di lunga durata, creando una base solida per un successo continuativo. L'integrazione di strategie di marketing mirate, che prevedano l'utilizzo di social media, newsletter e collaborazioni con blogger e influencer di settore, rappresenta un ulteriore elemento chiave per consolidare la presenza sul mercato e per stimolare l'interesse verso ogni nuovo volume della saga. La capacità di mantenere la coerenza narrativa, l'originalità dei contenuti e l'interazione costante con il pubblico sono fattori che determinano il successo di una serie di libri, trasformando ogni nuova uscita in un evento atteso e celebrato dai lettori.

Esercizi di fine capitolo

1. Pianifica la struttura di un libro che intendi scrivere: crea una scaletta dettagliata che includa i capitoli e i paragrafi principali, definendo per ciascuna sezione l'obiettivo e il messaggio da comunicare. Illustra con esempi pratici come intendi collegare i vari elementi per creare un flusso narrativo coerente e coinvolgente.

2. Scegli un argomento per il quale vorresti creare una serie di libri: sviluppa un concept centrale e descrivi in un documento come intendi declinare questo tema in almeno tre volumi, evidenziando i temi ricorrenti, i personaggi principali e la strategia di lancio per ciascun volume.

3. Redigi un breve saggio in cui descrivi le tecniche che adotti per mantenere alta la motivazione durante la scrittura, includendo esempi pratici di routine quotidiane, strumenti di pianificazione e strategie di feedback che utilizzi per superare eventuali blocchi creativi.

Capitolo 4: Formattazione e Creazione della Copertina

4.1 Formattare un eBook per Amazon KDP

Formattare un eBook per Amazon KDP è un processo che richiede attenzione ai dettagli tecnici e una profonda conoscenza delle specifiche richieste dalla piattaforma, in modo da garantire che il prodotto finale sia non solo visivamente gradevole, ma anche compatibile con i vari dispositivi di lettura. Durante questa fase, l'autore deve occuparsi di organizzare il testo, definire i margini, gestire gli stili dei titoli e dei paragrafi, e assicurarsi che il file finale rispetti i requisiti tecnici richiesti da KDP. L'operazione inizia con la preparazione del documento in un formato di base, che poi verrà convertito in formato mobi o epub, a seconda delle preferenze e delle specifiche tecniche di Amazon. Un aspetto fondamentale è la corretta impostazione dei capitoli, con titoli e sottotitoli che facilitino la navigazione e la consultazione del testo da parte del lettore. Ad esempio, se si tratta di un manuale o di un libro di non finzione, è importante utilizzare stili coerenti per i titoli dei capitoli, in modo che l'indice interattivo si aggiorni automaticamente e renda semplice il passaggio da una sezione all'altra. Il processo di formattazione comprende anche la gestione delle immagini, che devono essere inserite con risoluzioni adeguate e posizionate in modo da non interrompere il flusso della lettura; questo è particolarmente rilevante per libri illustrati o manuali che includono grafici e tabelle. Durante la conversione in file digitale, è essenziale testare il risultato su vari dispositivi, utilizzando emulatori o lettori fisici, per verificare che il layout rimanga coerente e che il testo si adatti in maniera fluida alle dimensioni dello schermo. Molti autori si affidano a guide e tutorial specifici offerti da Amazon KDP, che illustrano passo dopo passo come preparare il file, come utilizzare i codici HTML di base per inserire link o indici, e come risolvere problemi comuni quali la gestione dei caratteri speciali e l'impaginazione automatica. Un esempio pratico potrebbe essere quello di un autore che, dopo aver scritto il proprio manoscritto in Microsoft Word, utilizza Kindle Create per importare il testo, applicare i modelli di formattazione predefiniti e vedere in anteprima il risultato finale; questo strumento consente di correggere errori di layout prima di caricare il file su KDP, garantendo così una pubblicazione senza intoppi. La preparazione del file per Amazon KDP richiede inoltre di prestare attenzione ai metadati, ovvero le informazioni sul libro che compaiono sulla pagina di vendita, come titolo, autore, descrizione e parole chiave, poiché questi elementi incidono significativamente sulla visibilità del libro all'interno della piattaforma. L'efficacia della formattazione di un eBook si riflette non solo nella qualità visiva del prodotto finale, ma anche nell'esperienza utente: un testo ben strutturato, con sezioni facilmente navigabili e immagini ottimizzate, permette al lettore di concentrarsi sul contenuto senza distrazioni. Questo tipo di cura nei dettagli può tradursi in recensioni positive e in un aumento delle vendite, poiché la fruizione dell'eBook diventa un'esperienza piacevole e professionale. L'investimento di tempo nella fase di formattazione dimostra l'impegno dell'autore nel garantire la qualità del prodotto, contribuendo a costruire un'immagine positiva e affidabile nel mondo del Self Publishing. La conoscenza delle specifiche tecniche e l'uso di strumenti appositi rappresentano una risorsa preziosa, in quanto consentono di risparmiare tempo e di evitare problemi durante la pubblicazione, trasformando il processo in un'esperienza formativa e gratificante.

4.2 Strumenti di formattazione (Scrivener, Vellum, Kindle Create)

L'uso di strumenti di formattazione come Scrivener, Vellum e Kindle Create è essenziale per semplificare il processo di preparazione di un eBook o di una versione cartacea, consentendo all'autore di concentrarsi sul contenuto mentre il software gestisce la complessità tecnica dell'impaginazione. Scrivener è particolarmente apprezzato per la sua capacità di organizzare documenti lunghi, permettendo di suddividere il lavoro in sezioni e di avere una visione d'insieme del progetto, grazie a funzioni di raccolta di note, riorganizzazione dei capitoli e creazione automatica di sommari. Questo strumento è ideale per autori che preferiscono una fase di scrittura molto strutturata, in cui è importante poter spostare intere sezioni senza perdere il filo narrativo. Vellum, d'altra parte, è un software specificamente progettato per la creazione di libri dall'aspetto professionale, offrendo una gamma di template preimpostati e opzioni di personalizzazione che consentono di ottenere un layout elegante e curato con pochi clic. La capacità di Vellum di adattarsi sia alla versione digitale che a quella cartacea rende questo strumento particolarmente versatile, permettendo di generare file pronti per la pubblicazione su diverse piattaforme. Kindle Create è lo strumento gratuito offerto da Amazon per la formattazione degli eBook destinati a KDP, e rappresenta una soluzione accessibile e intuitiva per gli autori che desiderano un supporto tecnico diretto per la conversione dei propri manoscritti in file compatibili con i dispositivi Kindle. Questo software permette di importare documenti, applicare stili predefiniti e vedere in anteprima il risultato finale, semplificando il processo di correzione e ottimizzazione del layout. Un esempio pratico potrebbe essere quello di un autore che inizia a scrivere il proprio libro in Scrivener per sfruttare le sue capacità organizzative e, una volta completata la stesura, esporta il documento in un formato compatibile con Kindle Create, utilizzandolo per applicare gli ultimi ritocchi necessari per la pubblicazione su Amazon KDP. La scelta tra questi strumenti dipende dalle preferenze personali e dal tipo di progetto: mentre Scrivener è particolarmente indicato per la fase creativa e organizzativa, Vellum e Kindle Create offrono soluzioni mirate alla realizzazione di un prodotto finito di alta qualità. L'uso combinato di questi software permette di gestire il processo di formattazione in maniera efficiente, riducendo il rischio di errori e migliorando la resa finale del libro. La familiarità con questi strumenti si traduce in un notevole risparmio di tempo e in una maggiore professionalità del prodotto finale, elementi che contribuiscono a rafforzare la reputazione dell'autore nel mercato del Self Publishing. L'investimento in software di formattazione di qualità rappresenta una scelta strategica, in quanto consente di creare opere che rispettano gli standard del settore e che risultano competitive anche in ambienti molto affollati come quelli delle piattaforme di distribuzione digitale.

4.3 Come creare una copertina che vende

Creare una copertina che vende è un'operazione strategica che va oltre il semplice aspetto estetico, poiché rappresenta il primo punto di contatto tra il libro e il potenziale lettore. La copertina deve comunicare immediatamente il genere, l'atmosfera e il contenuto del libro, attirando l'attenzione in un mercato altamente competitivo e spingendo il lettore a scoprire di più. Per realizzare una copertina efficace, è necessario partire da un'analisi accurata del target: comprendere chi sono i lettori a cui ci si rivolge, quali sono le loro preferenze visive e quali elementi grafici li attraggono può fare la differenza nella progettazione del design. Un autore che intende pubblicare un romanzo di thriller, per esempio, potrebbe optare per una copertina che utilizza colori scuri, immagini suggestive e un font che trasmetta tensione e mistero, mentre un libro di auto-aiuto potrebbe richiedere un design più pulito e luminoso, in grado di evocare fiducia e positività. Il processo di creazione di una copertina di successo inizia con la definizione di un concept, che includa la scelta dei colori, dei font e delle immagini da utilizzare. Molti autori scelgono di fare ricerche di mercato, analizzando le copertine dei best seller del loro genere per individuare gli elementi comuni che funzionano bene. Un esempio pratico può essere quello di un autore di fantasy che studia le copertine dei romanzi più venduti, notando come spesso siano caratterizzate da illustrazioni dettagliate, tonalità vivaci e composizioni che enfatizzano il lato epico della narrazione. Una volta definito il concept, si passa alla fase di progettazione vera e propria, che può essere svolta utilizzando software di grafica come Adobe Photoshop, Illustrator o strumenti online come Canva, che offrono template personalizzabili e una vasta gamma di risorse grafiche. L'uso di immagini di alta qualità è fondamentale: si può scegliere di utilizzare fotografie, illustrazioni o grafiche vettoriali, purché siano in linea con il messaggio che si desidera trasmettere e rispettino le norme sul copyright. Spesso, un'autore può optare per risorse gratuite disponibili su piattaforme come Unsplash o Pexels, oppure investire in immagini premium per ottenere un risultato più professionale. La progettazione della copertina deve tenere conto anche della composizione degli elementi, in modo da creare un equilibrio visivo che indirizzi l'occhio del lettore verso il titolo e il nome dell'autore. L'utilizzo di gerarchie tipografiche, spaziatura adeguata e contrasti ben studiati sono elementi essenziali per ottenere una copertina che non solo attiri, ma comunichi chiaramente il valore del libro. Un autore che investe nella creazione di una copertina curata mostra attenzione per i dettagli e comprende l'importanza della prima impressione, che può determinare il successo commerciale dell'opera. La sperimentazione di diverse versioni e la raccolta di feedback, ad esempio tramite sondaggi online o test con gruppi di lettori, possono fornire indicazioni preziose per affinare il design prima del lancio definitivo. Questo approccio iterativo permette di ottimizzare la copertina, identificando eventuali elementi ridondanti o poco efficaci e sostituendoli con soluzioni che rafforzino l'impatto visivo. La capacità di creare una copertina che vende richiede quindi una combinazione di competenze artistiche, conoscenze di marketing e un'attenta analisi delle tendenze del mercato, elementi che, se integrati in maniera efficace, possono trasformare un semplice involucro in un potente strumento di vendita.

4.4 Le dimensioni e i requisiti della copertina su KDP

Le dimensioni e i requisiti della copertina su KDP rappresentano un aspetto tecnico fondamentale per garantire che il libro venga presentato in maniera ottimale sulla piattaforma, rispettando le linee guida che assicurano la qualità visiva e l'adeguata resa sui vari dispositivi. Amazon KDP specifica delle dimensioni minime e massime per le copertine, nonché requisiti per la risoluzione delle immagini, in modo che il prodotto finale risulti professionale e privo di difetti visivi. Per esempio, per i libri in formato eBook è consigliato utilizzare una risoluzione di almeno 300 dpi e una dimensione del file che garantisca una visualizzazione chiara e dettagliata su schermi di diverse dimensioni, mentre per la versione cartacea il file deve essere adattato alle specifiche del servizio di Print on Demand, con attenzione particolare ai margini, alla spina e alla copertina posteriore. Un autore deve quindi verificare attentamente le linee guida fornite da KDP, che includono indicazioni precise sulle proporzioni, i formati accettati (solitamente JPEG o TIFF) e le dimensioni raccomandate per ottenere un risultato ottimale. Un esempio pratico riguarda un autore che prepara la copertina del proprio romanzo: dopo aver creato il design, utilizza strumenti di verifica online messi a disposizione da KDP per assicurarsi che il file rispetti i parametri tecnici richiesti, come la dimensione minima in pixel e il rapporto d'aspetto corretto. Questo passaggio è cruciale per evitare che il file venga rifiutato o che, una volta caricato, il prodotto finale presenti distorsioni o sfocature che possano compromettere l'esperienza visiva del lettore. Inoltre, la cura nella preparazione del file implica l'attenzione a elementi quali la compressione dell'immagine, che deve essere effettuata senza compromettere la qualità, e la corretta gestione del colore, affinché la copertina mantenga la sua vivacità e il suo impatto visivo sia su schermi digitali che in stampa. L'autore deve anche considerare la possibilità di includere elementi aggiuntivi, come il codice ISBN, le informazioni sul copyright e altre annotazioni richieste, che devono essere posizionate in modo da non disturbare l'equilibrio grafico della copertina. L'uso di software di grafica permette di impostare guide e margini, facilitando il rispetto dei requisiti tecnici e garantendo una resa uniforme su tutte le versioni del libro. La conoscenza dettagliata delle specifiche tecniche di KDP non solo assicura il rispetto delle norme, ma contribuisce anche a creare un'immagine professionale e curata che rispecchi la qualità del contenuto del libro. Un autore che investe tempo nella preparazione della copertina, verificando attentamente ogni aspetto tecnico, dimostra la propria dedizione e comprensione dell'importanza della presentazione visiva, elementi fondamentali per attirare e fidelizzare il pubblico. L'attenzione ai dettagli nella scelta delle dimensioni, nella risoluzione e nella formattazione finale del file si traduce in un prodotto editoriale che si distingue per la qualità e l'aderenza agli standard del settore, facilitando la distribuzione e l'accettazione su piattaforme internazionali come Amazon KDP.

4.5 Dove trovare immagini gratuite e a pagamento
La ricerca di immagini di alta qualità per la copertina di un libro è un aspetto essenziale per ottenere un design accattivante, e oggi esistono numerose risorse online che offrono sia immagini gratuite che a pagamento. Per chi desidera utilizzare immagini gratuite, piattaforme come Unsplash, Pexels e Pixabay rappresentano ottime fonti, poiché offrono una vasta gamma di fotografie e illustrazioni ad alta risoluzione senza costi, con licenze che permettono l'uso commerciale senza necessità di attribuzione in molti casi. Queste risorse possono essere particolarmente utili per autori con budget limitati, permettendo di creare una copertina di qualità professionale senza investire grandi somme. Tuttavia, l'uso di immagini gratuite può comportare il rischio di trovare opere già utilizzate da altri autori, il che potrebbe ridurre l'originalità e l'impatto visivo della copertina. Per questo motivo, molti autori scelgono anche di investire in immagini a pagamento, che offrono un grado di esclusività maggiore e la possibilità di accedere a contenuti di altissima qualità. Piattaforme come Shutterstock, Adobe Stock e iStock offrono banche dati estremamente ricche e aggiornate, con una vasta scelta di immagini professionali e grafiche vettoriali che possono essere personalizzate per adattarsi al concept del libro. Un esempio pratico riguarda un autore che desidera creare una copertina per un romanzo di avventura: dopo aver consultato immagini gratuite su Unsplash, decide di acquistare una fotografia a pagamento su Shutterstock che

offre una composizione unica e dettagli che rispecchiano perfettamente l'atmosfera del romanzo. L'investimento in immagini premium consente di ottenere un prodotto finale più originale e distintivo, elemento fondamentale per catturare l'attenzione in un mercato competitivo. È importante anche valutare le licenze d'uso, assicurandosi che l'immagine scelta permetta l'utilizzo commerciale e la modifica, in modo da poterla integrare nel design della copertina in maniera coerente con il progetto grafico. La combinazione di immagini gratuite e a pagamento, se gestita in maniera strategica, permette all'autore di ottimizzare il budget senza rinunciare alla qualità visiva: ad esempio, si può utilizzare un'immagine gratuita per lo sfondo e integrare elementi a pagamento per dettagli o effetti grafici che rendano il tutto più professionale. L'accesso a banche dati di immagini di alta qualità rappresenta quindi una risorsa indispensabile per chi intende realizzare una copertina di grande impatto, e la capacità di scegliere le immagini giuste si traduce in un prodotto editoriale che comunica professionalità e originalità. L'autore deve considerare attentamente le caratteristiche dell'immagine, come la composizione, i colori e lo stile, e verificare che questi siano in linea con il messaggio che si desidera trasmettere al lettore, creando un'armonia visiva che renda la copertina riconoscibile e memorabile. La conoscenza delle principali piattaforme di immagini, sia gratuite che a pagamento, e la capacità di valutare le licenze e la qualità delle risorse disponibili sono competenze fondamentali per ottenere un risultato finale di alto livello e per distinguersi nel mercato del Self Publishing.

4.6 Affidarsi a un designer professionista: pro e contro

Affidarsi a un designer professionista per la creazione della copertina del libro rappresenta una scelta strategica che può fare la differenza tra un prodotto editoriale mediocre e uno di impatto elevato. Questa opzione offre numerosi vantaggi, soprattutto per autori che non hanno competenze grafiche o che desiderano ottenere un risultato di alta qualità, capace di comunicare professionalità e originalità. Un designer esperto può tradurre il concept dell'autore in un'immagine coordinata che rispecchi il genere, l'atmosfera e il messaggio del libro, utilizzando tecniche avanzate di progettazione grafica e una conoscenza approfondita delle tendenze di mercato. Il supporto di un professionista consente di risparmiare tempo, evitando di doversi destreggiare tra software complessi e risorse online, e garantisce un risultato finale curato nei minimi dettagli, dal layout tipografico alla scelta dei colori. Un aspetto importante riguarda la capacità di personalizzare il design in base alle esigenze specifiche del progetto: un designer professionista sarà in grado di creare una copertina unica, in linea con le aspettative del target, e di fornire diverse proposte da cui l'autore potrà scegliere quella più adeguata. Tuttavia, affidarsi a un designer comporta anche alcuni contro, come i costi maggiori rispetto all'utilizzo di strumenti fai-da-te o di immagini gratuite, e il rischio che la visione creativa del professionista possa non allinearsi completamente con quella dell'autore. In alcuni casi, è fondamentale definire con chiarezza il brief e mantenere una comunicazione costante per evitare fraintendimenti e garantire che il risultato finale rispecchi fedelmente le aspettative. Un esempio pratico riguarda un autore che intende lanciare un romanzo di fantascienza e decide di collaborare con un designer professionista: grazie a briefing dettagliati, il designer crea diverse bozze, integrando elementi visivi che richiamano l'innovazione e il mistero tipici del genere, mentre l'autore fornisce feedback continui per affinare la proposta fino a ottenere una copertina che risulti accattivante e coerente con il messaggio del libro. Il processo collaborativo può risultare molto vantaggioso, soprattutto se il designer ha esperienza specifica nel settore editoriale, ma richiede un investimento economico che va valutato in base al budget a disposizione. La trasparenza nei costi e una pianificazione accurata del progetto aiutano a minimizzare i rischi, garantendo una collaborazione proficua e un risultato finale che valorizzi l'opera. L'affidamento a un designer professionista offre anche il vantaggio di avere accesso a competenze e risorse grafiche avanzate, come l'uso di software professionali, la possibilità di creare elementi grafici personalizzati e la conoscenza delle best practice per la progettazione di copertine vincenti. Questi elementi possono fare la differenza nel creare un'immagine coordinata che attiri l'attenzione e stimoli la curiosità del lettore, aumentando le probabilità di successo commerciale del libro. La decisione di collaborare con un designer deve quindi essere valutata in maniera oculata, considerando il rapporto tra costi e benefici, e tenendo conto della necessità di garantire un prodotto di alta qualità che possa competere efficacemente nel mercato del Self Publishing.

4.7 Testare più versioni di copertina per massimizzare le vendite

Testare più versioni di copertina è una strategia fondamentale per individuare la proposta grafica che risuoni maggiormente con il pubblico e massimizzi le vendite, poiché la copertina rappresenta il primo elemento con cui il lettore entra in contatto. La sperimentazione di diverse varianti consente di raccogliere feedback utili per capire quale design sia in grado di catturare l'attenzione e di comunicare in maniera efficace il contenuto e il genere del libro. Un metodo efficace consiste nel creare più bozze della copertina utilizzando diversi stili, colori, tipografie e composizioni, per poi sottoporle a test tramite sondaggi online, focus group o campagne di A/B testing. Ad esempio, un autore che ha scritto un thriller psicologico potrebbe realizzare due o tre versioni della copertina: una che utilizza tonalità scure e immagini misteriose, un'altra con un design minimalista e una terza che enfatizza elementi tipografici audaci. Successivamente, l'autore può utilizzare piattaforme social o gruppi di lettura per chiedere un parere diretto, analizzando le preferenze espresse dal pubblico e le metriche di engagement come clic, commenti e condivisioni. Questo approccio iterativo permette di identificare non solo quale versione risulta più accattivante, ma anche quali elementi visivi funzionano meglio nel trasmettere il messaggio del libro. La raccolta dei dati durante questi test è essenziale: utilizzando strumenti di analisi delle interazioni e dei tassi di conversione, l'autore può determinare quale copertina genera maggior interesse e quali modifiche potrebbero ulteriormente migliorarla. Un altro esempio pratico riguarda un autore di saggistica che sperimenta con diverse composizioni per la copertina del suo manuale, variando l'uso delle immagini, la disposizione del titolo e l'integrazione di elementi grafici, per poi monitorare quale versione riscuote maggiore consenso durante una campagna di pre-lancio. La capacità di testare e confrontare diverse versioni consente di fare scelte basate su dati concreti e non solo su intuizioni, riducendo il rischio di investire in un design che potrebbe non attrarre il target desiderato. L'iterazione continua, basata su feedback e analisi, rappresenta un elemento chiave per l'ottimizzazione della copertina e per garantire che il prodotto finale sia perfettamente in linea con le aspettative del mercato. Questo processo richiede una mentalità aperta e la volontà di sperimentare, considerando ogni versione come un'opportunità per apprendere e migliorare. L'autore che si impegna in questa fase dimostra attenzione per i dettagli e una forte volontà di offrire un prodotto di alta qualità, capace di distinguersi in un panorama competitivo. La strategia di test multipli permette anche di adattarsi alle evoluzioni del mercato e alle preferenze dei lettori, garantendo che la copertina rimanga sempre attuale e in grado di attirare l'attenzione in un contesto in continua evoluzione. L'importanza di massimizzare l'impatto visivo attraverso il testing iterativo si riflette poi direttamente sulle vendite, poiché una copertina che risuona con il pubblico può incrementare notevolmente il tasso di conversione e favorire il passaparola, elementi indispensabili per il successo nel mondo del Self Publishing.

4.8 L'importanza del design nel marketing del libro

Il design della copertina non è soltanto un elemento estetico, ma un vero e proprio strumento di marketing che gioca un ruolo determinante nella capacità di un libro di attirare l'attenzione e di distinguersi sul mercato. Un design curato e ben studiato comunica professionalità, stabilisce il tono del contenuto e crea un legame immediato con il lettore, fungendo da biglietto da visita per il prodotto editoriale. La scelta di elementi grafici, colori, tipografie e immagini deve essere fatta tenendo conto del target di riferimento e delle tendenze di mercato, in modo che il design si adatti alle aspettative del pubblico e contribuisca a rafforzare il brand dell'autore. Un esempio pratico riguarda un autore di narrativa romantica che opta per una copertina caratterizzata da tonalità calde, immagini evocative e un font elegante, elementi che trasmettono emozione e raffinatezza, creando un'immediata connessione con i lettori che amano questo genere. Il design diventa quindi uno strumento strategico, poiché può influenzare direttamente la decisione d'acquisto, agendo come un catalizzatore per le campagne promozionali e per il passaparola. In un contesto di marketing, una copertina ben progettata può aumentare il tasso di click-through sulle piattaforme di vendita, migliorare la visibilità organica nei motori di ricerca interni e favorire la condivisione sui social media. L'importanza del design nel marketing del libro si estende anche alla coerenza visiva con gli altri elementi promozionali: il design della copertina, il logo dell'autore, il layout del sito web e persino i materiali pubblicitari devono essere integrati per creare un'immagine coordinata che rafforzi il brand. Un autore che investe nella progettazione di un design di qualità dimostra di conoscere il valore del marketing visivo e di essere disposto a investire nelle risorse necessarie per ottenere un risultato professionale. Inoltre, un design ben realizzato può contribuire a differenziare il libro in un mercato saturo, offrendo un vantaggio competitivo che può tradursi in maggiori vendite e in un riconoscimento più immediato da parte del pubblico. Il design del libro, quindi, non deve essere considerato come un semplice involucro, ma come un elemento strategico che accompagna il contenuto e ne amplifica il valore. Le campagne di marketing che utilizzano immagini accattivanti e coerenti, basate su un design di alta qualità, hanno maggiori possibilità di generare interesse, coinvolgere il pubblico e stimolare le vendite. L'adozione di un approccio integrato, che consideri il design come parte essenziale della strategia di marketing, permette di creare sinergie tra il prodotto editoriale e le azioni promozionali, rendendo l'intero progetto più efficace e coerente. La capacità di comunicare il messaggio del libro attraverso il design, suscitando emozioni e curiosità, si traduce in un vantaggio concreto che può fare la differenza in un mercato competitivo come quello del Self Publishing.

4.9 Come ottimizzare il layout della versione cartacea
Ottimizzare il layout della versione cartacea di un libro richiede un'attenzione particolare alla composizione, alla scelta dei caratteri, alla spaziatura e alla disposizione degli elementi grafici, in modo da garantire una lettura agevole e un impatto visivo che valorizzi il contenuto. La versione cartacea, pur condividendo molte caratteristiche con

l'eBook, presenta peculiarità che la rendono unica: ad esempio, la qualità della carta, il formato del libro e la presenza di elementi come la spina, i margini e le copertine interne devono essere curati nei minimi dettagli. Un autore deve progettare il layout considerando non solo l'aspetto estetico, ma anche la funzionalità, affinché il lettore possa consultare il testo in maniera fluida e senza affaticamento. Un esempio pratico riguarda un romanzo di narrativa storica, per il quale il layout potrebbe prevedere l'uso di caratteri eleganti, una spaziatura adeguata e sezioni dedicate a note storiche, mappe e appendici, elementi che arricchiscono l'esperienza di lettura e forniscono ulteriori informazioni contestuali. La scelta del formato del libro è un aspetto critico: libri di dimensioni diverse richiedono layout differenti, e la corretta impostazione dei margini e dei caratteri è fondamentale per garantire una resa ottimale sia in termini di estetica che di usabilità. L'utilizzo di software di impaginazione professionale, come Adobe InDesign, può facilitare questo compito, offrendo template preimpostati e funzioni avanzate per il controllo dei dettagli grafici. Inoltre, è importante considerare la qualità di stampa: la scelta della carta, il tipo di rilegatura e il trattamento della copertina influenzano notevolmente l'esperienza del lettore e la percezione complessiva del libro. Un autore che investe tempo nell'ottimizzazione del layout della versione cartacea dimostra attenzione per la qualità del prodotto e rispetto per il lettore, elementi che possono tradursi in recensioni positive e in una maggiore fidelizzazione del pubblico. La revisione e il testing del layout su diversi formati fisici sono passaggi fondamentali: la stampa di copie di prova permette di verificare l'efficacia dell'impaginazione, identificare eventuali errori di formattazione e apportare le necessarie correzioni prima della pubblicazione finale. Questo approccio metodico garantisce che il prodotto finito sia conforme agli standard del mercato e in grado di competere con titoli di grandi editori. La cura del layout della versione cartacea non riguarda soltanto l'aspetto estetico, ma anche la funzionalità: l'obiettivo è quello di creare un libro che sia piacevole da tenere in mano, facile da sfogliare e che offra un'esperienza di lettura senza interruzioni.

L'ottimizzazione del layout si traduce quindi in un investimento strategico, capace di aumentare il valore percepito del libro e di contribuire al successo commerciale, grazie a una presentazione che rifletta professionalità e cura per i dettagli.

4.10 Rilasciare un audiolibro: opportunità e strumenti

Rilasciare un audiolibro rappresenta una delle opportunità emergenti nel panorama del Self Publishing, in quanto il formato audio sta guadagnando sempre più popolarità grazie all'aumento della domanda di contenuti fruibili in mobilità e alla crescente diffusione di piattaforme dedicate come Audible. La realizzazione di un audiolibro implica la trasformazione del testo in un'esperienza sonora, che richiede la scelta di un narratore che sappia trasmettere le emozioni e le sfumature del contenuto, nonché l'utilizzo di tecnologie e strumenti di registrazione di alta qualità. Un aspetto cruciale è la pianificazione del processo di registrazione: l'autore, o il narratore scelto, deve preparare una lettura accurata e coinvolgente, che mantenga l'attenzione dell'ascoltatore e che sia priva di errori o interruzioni. Questo processo può richiedere la collaborazione con professionisti del settore, come studi di registrazione e tecnici audio, che garantiscano una resa sonora impeccabile. Un esempio pratico riguarda un autore di narrativa che decide di trasformare il proprio romanzo in un audiolibro: dopo aver selezionato un narratore con una voce in grado di interpretare i personaggi in modo convincente, l'autore si affida a uno studio di registrazione per effettuare le riprese, utilizzando software di editing audio come Audacity o Adobe Audition per pulire e perfezionare le registrazioni. Il rilascio di un audiolibro offre numerosi vantaggi, sia in termini di diversificazione delle fonti di guadagno, sia per ampliare il pubblico di riferimento: il formato audio permette di raggiungere utenti che preferiscono ascoltare contenuti durante il viaggio, l'attività fisica o altre attività quotidiane, creando nuove opportunità di mercato. Inoltre, l'integrazione di un audiolibro all'interno di una strategia multiformato rafforza il brand autore, offrendo una presenza costante e diversificata su piattaforme di vendita e streaming. L'uso di strumenti specifici per la registrazione e l'editing audio è fondamentale per ottenere un prodotto finale di alta qualità, capace di competere con le produzioni dei grandi editori. Piattaforme come ACX (Audiobook Creation Exchange) facilitano la connessione tra autori e professionisti del settore, offrendo guide dettagliate e strumenti di supporto per la produzione, il montaggio e la distribuzione degli audiolibri. L'investimento nella realizzazione di un audiolibro va valutato in termini di costi-benefici, considerando che, sebbene il processo richieda tempo e risorse, il risultato finale può generare un flusso di entrate aggiuntivo e contribuire a consolidare la presenza dell'autore sul mercato. Un narratore professionista, abbinato a una post-produzione accurata, può fare la differenza nel trasformare un testo scritto in un'esperienza coinvolgente e immersiva, capace di toccare le corde emotive dell'ascoltatore. La decisione di rilasciare un audiolibro si inserisce in una strategia complessiva di diversificazione del prodotto editoriale, che mira a sfruttare tutte le potenzialità offerte dalle tecnologie digitali e dai cambiamenti nei comportamenti di consumo. L'adozione del formato audio non solo amplia il pubblico, ma offre anche la possibilità di differenziare l'offerta editoriale, creando un ecosistema integrato che valorizza il contenuto in ogni sua forma. La capacità di adattarsi alle esigenze di un mercato in evoluzione e di sperimentare nuovi formati rappresenta un elemento chiave per il successo nel Self Publishing, e il rilascio di un audiolibro costituisce una scelta strategica in grado di garantire risultati significativi sia in termini di visibilità che di guadagni.

Esercizi di fine capitolo

1. Scegli un titolo di un libro e crea una bozza completa per la copertina, utilizzando almeno due strumenti di design (ad esempio Canva e Adobe Photoshop). Spiega le scelte di colori, font e immagini e come queste si allineano con il target del libro.

2. Prepara un documento che elenchi tutte le specifiche tecniche richieste da Amazon KDP per la copertina e descrivi il processo di conversione

del file in un formato compatibile. Includi una simulazione di verifica tramite un tool online o guida KDP.

3. Sviluppa un piano per la creazione di un audiolibro partendo da un manoscritto: descrivi il processo di selezione del narratore, i passaggi per la registrazione e l'editing, e come utilizzeresti piattaforme come ACX per distribuire il prodotto. Indica anche come testeresti il feedback dell'audience e quali metriche utilizzeresti per valutare il successo del progetto.

Capitolo 5: Pubblicazione su Amazon KDP e Altre Piattaforme

5.1 Guida passo passo alla pubblicazione su KDP

Pubblicare il proprio libro su Amazon KDP è un processo articolato che richiede un approccio metodico e una conoscenza approfondita dei passaggi tecnici e strategici per garantire un lancio di successo. Il percorso inizia con la creazione di un account su Kindle Direct Publishing e con la preparazione del file del libro, che deve essere formattato secondo le specifiche richieste dalla piattaforma. L'autore, dopo aver completato la fase di scrittura e revisione, deve assicurarsi che il manoscritto sia privo di errori e ben organizzato in capitoli e sezioni, per facilitare la conversione in un formato digitale compatibile. Successivamente, è necessario caricare il file, scegliendo il formato corretto (ad esempio .docx, .mobi, .epub) e utilizzando strumenti come Kindle Create per apportare eventuali ritocchi al layout. Un passaggio fondamentale consiste nella compilazione dei metadati: titoli, sottotitoli, descrizione del libro, parole chiave e categorie devono essere scelti con cura poiché incidono sulla visibilità e sul posizionamento del libro nei motori di ricerca interni ad Amazon. Ad esempio, se si pubblica un romanzo storico, è importante includere parole chiave che richiamino il periodo storico trattato, il genere narrativo e eventuali elementi distintivi della trama. L'autore deve prestare attenzione anche alla scelta della copertina, elemento che funge da biglietto da visita per il libro: la copertina deve rispettare le dimensioni richieste da KDP, avere una risoluzione adeguata e trasmettere immediatamente l'atmosfera e il genere dell'opera. Dopo aver completato il caricamento del file e la compilazione dei dati, si passa alla fase di impostazione del prezzo, che va valutato in relazione al target e al mercato di riferimento. Amazon KDP offre la possibilità di scegliere tra diverse opzioni di royalty (35% o 70%), a seconda del prezzo impostato e della distribuzione scelta; in questa fase l'autore deve fare un'analisi comparativa dei prezzi dei libri simili per posizionare il proprio titolo in modo competitivo. Una volta impostati tutti i dettagli, il libro viene sottoposto a una revisione da parte di Amazon, durante la quale vengono controllati formattazione, metadati e compatibilità del file. Questo iter può richiedere alcune ore fino a qualche giorno, a seconda della complessità del file e del carico di lavoro della piattaforma. Durante questo periodo, l'autore può approfittare per pianificare strategie promozionali e per preparare materiale di supporto, come estratti, interviste o recensioni preliminari, che verranno utilizzati nel lancio del libro. È importante, inoltre, verificare che il file caricato non contenga errori di conversione, controllando l'anteprima digitale e testando la lettura su diversi dispositivi. Un esempio pratico riguarda un autore di saggistica che, dopo aver formattato il suo libro in Microsoft Word, lo esporta in formato .docx e lo importa in Kindle Create per sistemare gli stili e i link interni; successivamente, carica il file su KDP, compilando attentamente ogni sezione della dashboard e utilizzando le guide di supporto offerte dalla piattaforma per assicurarsi che ogni aspetto tecnico sia conforme agli standard richiesti. Durante tutto il processo, è utile mantenere una comunicazione costante con la community di autori, partecipando a forum e gruppi di discussione in cui scambiare consigli e best practice. La preparazione accurata del file e dei metadati, l'attenzione ai dettagli e la pianificazione strategica della fase di pubblicazione costituiscono il cuore di una procedura che, se eseguita con cura, può tradursi in una forte visibilità e in un successo commerciale notevole. L'intera procedura, sebbene possa apparire complessa all'inizio, diventa gestibile grazie alla disponibilità di risorse online, tutorial video e guide dettagliate fornite da Amazon, che rendono il percorso accessibile anche a chi si avvicina per la prima volta al mondo del Self Publishing.

5.2 Impostare il prezzo giusto per il libro

La definizione del prezzo giusto per il libro è un passaggio cruciale che può influenzare significativamente il successo commerciale dell'opera, poiché il prezzo non solo determina il ritorno economico per copia venduta, ma influenza anche la percezione di valore da parte dei lettori. L'autore deve considerare vari fattori: il genere del libro, il target di riferimento, la lunghezza dell'opera, il mercato di riferimento e la concorrenza. Ad esempio, se si pubblica un romanzo di narrativa leggera destinato a un pubblico giovane, potrebbe essere opportuno fissare un prezzo più contenuto per favorire l'acquisto d'impulso; al contrario, un manuale specialistico o un saggio approfondito potrebbe giustificare un prezzo più elevato, in linea con il valore aggiunto delle informazioni fornite. Amazon KDP offre due opzioni di royalty – il 35% e il 70% – che variano a seconda del prezzo impostato e delle restrizioni geografiche, e questa scelta deve essere ponderata attentamente. Per usufruire della royalty del 70%, ad esempio, il prezzo dell'eBook deve rientrare in una fascia specifica, e l'autore deve considerare anche i costi di distribuzione e le eventuali tasse applicabili. È utile condurre un'analisi comparativa, esaminando i prezzi dei libri simili nel proprio genere e nelle stesse categorie, per individuare una fascia di prezzo competitiva che non sminuisca il valore dell'opera, ma che sia comunque allettante per i potenziali lettori. Un esempio pratico riguarda un autore che pubblica un manuale di marketing digitale: analizzando i titoli simili presenti su Amazon, l'autore potrebbe notare che i libri di successo si collocano in una fascia di prezzo compresa tra 2,99 e 4,99 euro. Sulla base di questa analisi, potrà decidere di fissare il prezzo del proprio libro in maniera strategica, tenendo conto anche delle proprie esigenze di profitto e delle aspettative del pubblico. L'impostazione del prezzo deve essere considerata come parte integrante della strategia di marketing: un prezzo troppo elevato potrebbe scoraggiare gli acquisti, mentre uno troppo basso potrebbe trasmettere un'immagine di scarsa qualità o compromettere il margine di guadagno. L'autore può anche sperimentare tecniche di pricing dinamico, ad esempio lanciando il libro a un prezzo promozionale iniziale per poi aumentarlo gradualmente una volta raggiunto un certo volume di vendite e recensioni positive. Un'altra strategia interessante è l'utilizzo di offerte temporanee e sconti, che possono essere attivati durante periodi di bassa stagione o in occasione di eventi particolari, aumentando la visibilità del libro e incentivando l'acquisto impulsivo. Durante il processo di definizione del prezzo, è fondamentale monitorare costantemente le performance di vendita e raccogliere feedback dai lettori, in modo da poter apportare eventuali aggiustamenti e ottimizzare la strategia commerciale. L'uso di strumenti analitici messi a disposizione da KDP e di report di vendita permette di avere una visione dettagliata delle dinamiche di mercato e di valutare se il prezzo impostato sta generando i risultati sperati. In questo modo, l'autore diventa in grado di calibrare la propria offerta in tempo reale, adattandosi alle esigenze del mercato e massimizzando il ritorno economico. La scelta del prezzo giusto è dunque una combinazione di analisi di mercato, strategia di marketing e valutazione personale del valore dell'opera, elementi che devono essere integrati in una visione coerente e orientata al successo. L'attenzione ai dettagli in questa fase si traduce in una maggiore competitività e in un posizionamento efficace del libro, elementi fondamentali per ottenere una presenza di rilievo all'interno della piattaforma Amazon e per fidelizzare il pubblico.

5.3 I dettagli chiave da inserire nella descrizione

La descrizione del libro rappresenta un'opportunità preziosa per catturare l'interesse del potenziale lettore e per comunicare in maniera efficace il contenuto e i punti di forza dell'opera. Una descrizione ben scritta non si limita a riassumere il contenuto, ma deve evocare emozioni, trasmettere l'atmosfera e indicare chiaramente il valore aggiunto che il libro può offrire. In questo contesto, i dettagli chiave da inserire includono una sinossi accattivante, la presentazione del tema centrale, la descrizione del target di lettori a cui il libro è destinato e, in alcuni casi, testimonianze o citazioni che ne rafforzino la credibilità. Ad esempio, se si pubblica un romanzo storico, è importante sottolineare il contesto temporale, l'accuratezza dei dettagli storici e l'originalità della trama, elementi che possano differenziare il libro dai titoli simili presenti sul mercato. Per un manuale o un saggio, invece, la descrizione deve evidenziare i benefici pratici, le soluzioni proposte e la metodologia adottata, offrendo al lettore un'anteprima concreta di ciò che potrà apprendere. Un elemento essenziale è l'uso di un linguaggio chiaro, diretto e privo di tecnicismi eccessivi, che renda la descrizione accessibile anche a chi non ha familiarità con il tema trattato. La struttura della descrizione dovrebbe essere ben organizzata: iniziare con una frase d'apertura che catturi l'attenzione, proseguire con un paragrafo che approfondisca il contenuto e concludere con una call-to-action che inviti il lettore a scoprire di più. Un esempio pratico può essere quello di un autore di self-help che, nella descrizione del suo libro, inizia con una domanda retorica che risuoni con le sfide quotidiane del lettore, seguita da una breve panoramica dei temi trattati e dalla presentazione di esercizi pratici o testimonianze di successo. L'uso di formattazioni come grassetto o elenchi puntati può essere utile per mettere in evidenza i punti chiave e rendere il testo più leggibile, specialmente quando si tratta di descrizioni online che devono catturare l'attenzione in pochi secondi. Inoltre, la descrizione deve includere anche informazioni sul background dell'autore, che possono rafforzare la sua autorevolezza e costruire fiducia nei confronti del potenziale acquirente. Per un autore emergente, ad esempio, sottolineare esperienze personali o collaborazioni di rilievo può fare la differenza nel convincere il lettore che il libro offre contenuti di valore. L'integrazione di parole chiave rilevanti è un altro aspetto fondamentale: una descrizione ottimizzata per la SEO, in linea con le ricerche dei lettori, migliora la visibilità del libro e ne facilita il posizionamento all'interno delle classifiche di Amazon. In questo modo, l'autore non solo comunica in maniera efficace il contenuto e il valore dell'opera, ma contribuisce anche a generare traffico organico e a incrementare le possibilità di vendita. La cura dei dettagli nella stesura della descrizione si traduce in un'immagine professionale e accattivante del libro, in grado di coinvolgere il lettore sin dal primo sguardo e di invogliarlo a procedere all'acquisto. L'uso di esempi, citazioni e testimonianze rende la descrizione ancora più credibile e immediata, creando un ponte emotivo tra l'autore e il pubblico. Un autore che investe tempo nella redazione di una descrizione efficace dimostra attenzione e professionalità, elementi che si riflettono poi anche nelle recensioni e nel successo commerciale del libro. La descrizione, pertanto, deve essere vista come un vero e proprio strumento di marketing, capace di sintetizzare l'essenza dell'opera e di trasformare l'interesse iniziale in un impegno concreto da parte del lettore.

5.4 KDP Select vs. Distribuzione Wide: quale scegliere?
La scelta tra KDP Select e la distribuzione Wide rappresenta una decisione strategica fondamentale per gli autori che intendono massimizzare la visibilità e i guadagni del proprio libro. KDP Select è un programma

esclusivo di Amazon che offre numerosi vantaggi, come l'accesso a promozioni speciali (Kindle Countdown Deals, promozioni gratuite) e una maggiore visibilità all'interno della piattaforma, in cambio dell'impegno a concedere l'esclusiva digitale per un periodo di 90 giorni. Questo programma può essere particolarmente vantaggioso per autori che desiderano sfruttare il potere promozionale di Amazon e incrementare rapidamente le vendite, ottenendo al contempo royalties elevate. Tuttavia, l'esclusiva imposta da KDP Select limita la distribuzione del libro ad altre piattaforme, come Kobo, Apple Books o Google Play, e questo potrebbe rappresentare uno svantaggio per autori interessati a una diffusione globale e multicanale. Dall'altra parte, la distribuzione Wide consente di pubblicare il libro su più piattaforme contemporaneamente, offrendo una maggiore copertura di mercato e la possibilità di raggiungere lettori in diverse aree geografiche e su dispositivi differenti. Un autore che opta per la distribuzione Wide può beneficiare di una maggiore diversificazione delle entrate, riducendo la dipendenza da un singolo canale di vendita, ma potrebbe rinunciare ai vantaggi promozionali esclusivi offerti da KDP Select. La scelta tra i due modelli va quindi valutata attentamente in base agli obiettivi personali, al genere del libro e al pubblico di riferimento. Un esempio pratico può essere rappresentato da un autore di narrativa che, grazie a una forte presenza su Amazon e a un target ben definito, decide di optare per KDP Select per sfruttare le promozioni interne e migliorare il posizionamento nelle classifiche. Al contrario, un autore di saggistica o manuali che mira a raggiungere un pubblico globale e a sfruttare diverse piattaforme di distribuzione potrebbe preferire la strategia Wide, non essendo disposto a rinunciare alla possibilità di pubblicare contemporaneamente su più canali. È fondamentale inoltre valutare le dinamiche di mercato e analizzare le performance di libri simili, osservando come la scelta tra esclusiva e distribuzione multipiattaforma influisca sui risultati economici e sulla visibilità. L'uso di strumenti analitici e report di vendita, messi a disposizione da piattaforme come KDP, permette di monitorare l'andamento del libro e di rivedere la propria strategia nel tempo, eventualmente passando da un'opzione all'altra al termine dei periodi contrattuali. Inoltre, la scelta del modello può essere influenzata dalla volontà di sperimentare diverse tattiche promozionali: KDP Select offre promozioni temporanee che possono generare un picco di visibilità e vendite, mentre la distribuzione Wide consente di mantenere una presenza costante su più canali e di adattarsi alle variazioni del mercato internazionale. La decisione, quindi, non è statica, ma può essere rivista periodicamente in base ai risultati ottenuti e agli obiettivi a lungo termine dell'autore. Un autore che adotta un approccio flessibile e che monitora attentamente i dati di vendita potrà così ottimizzare la propria strategia, scegliendo il modello più adatto per ogni fase del percorso editoriale. La valutazione dei pro e dei contro di KDP Select rispetto alla distribuzione Wide deve tenere conto non solo degli aspetti economici, ma anche delle esigenze promozionali e delle preferenze del pubblico di riferimento, garantendo così una scelta che massimizzi sia la visibilità che i guadagni potenziali del libro.

5.5 Come ottimizzare i metadati e le categorie

L'ottimizzazione dei metadati e delle categorie rappresenta un elemento strategico essenziale per migliorare la visibilità e il posizionamento del libro all'interno delle piattaforme di distribuzione, in particolare su Amazon. I metadati comprendono tutte le informazioni testuali associate al libro – titoli, sottotitoli, descrizione, parole chiave e autore – che svolgono un ruolo cruciale nel determinare come e dove il libro verrà mostrato nelle ricerche degli utenti. La scelta accurata di questi elementi può fare la differenza nel generare traffico organico e nel convertire visite in vendite. Per ottimizzare i metadati, l'autore deve condurre un'analisi di mercato approfondita, utilizzando strumenti come Publisher Rocket o Google Keyword Planner per individuare le parole chiave più rilevanti e ricercate nel proprio genere. Ad esempio, se si pubblica un libro di cucina vegetariana, è importante includere termini che riflettano non solo il tema principale, ma anche varianti e ricerche correlate come "ricette vegane facili", "cucina salutare" o "piatti vegetariani gourmet". Questi termini, integrati nella descrizione e nei titoli, aumentano le probabilità di essere trovati dagli utenti che effettuano ricerche specifiche. La scelta delle categorie in cui inserire il libro è altrettanto importante: Amazon permette di selezionare diverse categorie e sottocategorie, e una scelta strategica in questo senso può influenzare significativamente il posizionamento e la visibilità. Un autore deve studiare le categorie più performanti e scegliere quelle che meglio rispecchiano il contenuto del libro, evitando opzioni troppo competitive se l'opera non si distingue sufficientemente dalla concorrenza. Un esempio pratico riguarda un autore di saggistica che, scrivendo un libro sul management, potrebbe optare per categorie come "Business e Investimenti", "Leadership" e "Management" anziché categorie troppo generiche. L'uso dei metadati va integrato con una descrizione ben scritta e coinvolgente, che non solo illustri i contenuti del libro, ma che inviti anche l'utente a cliccare per saperne di più. La descrizione, infatti, è uno strumento fondamentale per migliorare il ranking del libro, e deve essere strutturata in maniera da evidenziare i punti di forza, i benefici per il lettore e le peculiarità che differenziano l'opera dai titoli concorrenti. L'ottimizzazione dei metadati richiede una costante revisione: l'autore deve monitorare le performance del libro e, in base ai dati di vendita e alle ricerche degli utenti, apportare eventuali modifiche alle parole chiave e alle categorie. Questo processo iterativo è essenziale per mantenere il libro competitivo in un mercato dinamico e in continua evoluzione. Un autore esperto può sfruttare le funzionalità di editing dei metadati direttamente dalla dashboard di KDP, aggiornando la descrizione e le parole chiave anche dopo la pubblicazione, per adattarsi alle nuove tendenze e alle esigenze del pubblico. La cura dei dettagli in questa fase non solo migliora la visibilità del libro, ma contribuisce anche a costruire un'immagine di professionalità e attenzione al mercato, elementi che possono tradursi in un aumento delle vendite e in recensioni positive. L'integrazione di metadati accurati e categorie ben scelte diventa un investimento strategico che valorizza l'intera opera, facilitando la ricerca da parte degli utenti e aumentando la probabilità di raggiungere il target desiderato. La capacità di adattarsi ai cambiamenti del mercato e di aggiornare continuamente queste informazioni è fondamentale per mantenere una presenza competitiva e per sfruttare al massimo le potenzialità delle piattaforme digitali.

5.6 Strategie per ottenere le prime recensioni

Ottenere le prime recensioni è un obiettivo fondamentale per ogni autore, poiché le recensioni positive non solo rafforzano la credibilità del libro, ma influenzano anche l'algoritmo di posizionamento su piattaforme come Amazon, incrementando la visibilità e il passaparola. Le strategie per ottenere recensioni partono dalla creazione di una base di lettori fidelizzati, che possono essere raggiunti attraverso la promozione pre-lancio, l'interazione sui social media e l'utilizzo di newsletter. Ad esempio, un autore può organizzare una campagna di pre-lancio in cui viene offerta una copia gratuita del libro in cambio di una recensione onesta; questa strategia, se ben gestita, aiuta a raccogliere feedback iniziali e a creare una prima impressione positiva. È importante anche coinvolgere beta reader, che, prima della pubblicazione ufficiale, possono leggere il manoscritto e fornire feedback costruttivi, che non solo aiutano a migliorare il testo, ma forniscono anche recensioni da utilizzare al momento del lancio. Un altro approccio consiste nel collaborare con blogger, influencer e gruppi di lettura online: queste figure, spesso esperte nel recensire libri, possono dare una spinta significativa alla visibilità dell'opera. Un esempio pratico può essere rappresentato da un autore di saggistica che, dopo aver pubblicato il libro, contatta influencer nel campo del business e del management per invitarli a recensire il libro sui loro canali. La tempestività nella richiesta è fondamentale: le prime recensioni, infatti, fungono da prova sociale e possono spingere altri lettori a fare l'acquisto. Le strategie per ottenere le recensioni devono essere basate sulla trasparenza e sull'autenticità: è importante non sollecitare recensioni positive a tutti i costi, ma piuttosto incentivare commenti onesti che possano aiutare i futuri lettori a comprendere il valore reale del libro. Inoltre, l'autore può includere alla fine del libro una sezione che inviti il lettore a lasciare un feedback, spiegando quanto le recensioni siano importanti per il successo dell'opera e per il miglioramento continuo del contenuto. Un'altra tattica utile è quella di utilizzare piattaforme di lancio specifiche, come Goodreads, dove i lettori possono condividere le loro opinioni in un ambiente dedicato e partecipare a discussioni che arricchiscono l'esperienza di lettura. L'uso di codici promozionali o giveaway in cambio di recensioni, se condotto nel rispetto delle politiche della piattaforma, può rappresentare un ulteriore incentivo per i lettori a condividere le loro impressioni. Monitorare costantemente le recensioni e rispondere in modo professionale a eventuali critiche o commenti negativi contribuisce a creare un'immagine di autore attento e disponibile, migliorando così la percezione del pubblico. Le prime recensioni, raccolte con strategie mirate e una comunicazione trasparente, sono quindi un pilastro fondamentale per il successo di un libro, poiché aiutano a costruire la reputazione dell'autore e a spingere il prodotto verso una maggiore visibilità all'interno delle piattaforme di distribuzione.

5.7 Promozioni gratuite e Kindle Countdown Deals

Le promozioni gratuite e le offerte come i Kindle Countdown Deals rappresentano strumenti potenti per aumentare la visibilità di un libro e generare un flusso di vendite iniziali, contribuendo a creare un passaparola positivo e a migliorare il posizionamento nelle classifiche di Amazon. Queste iniziative, tipiche del programma KDP Select, permettono all'autore di offrire il libro gratuitamente o a prezzo scontato per periodi limitati, incentivando il download e la lettura da parte di un pubblico più ampio. Un autore che utilizza una promozione gratuita, ad esempio, può beneficiare di un aumento esponenziale del numero di download, che si traducono in una maggiore visibilità organica e nella possibilità di raccogliere recensioni e feedback utili per migliorare il prodotto editoriale. I Kindle Countdown Deals, in particolare, sono offerte a tempo in cui il prezzo del libro viene scontato progressivamente, creando un senso di urgenza tra i lettori e incentivandoli ad acquistare il libro prima che l'offerta scada. Un esempio pratico riguarda un autore di narrativa che, dopo il lancio del suo romanzo, decide di attivare una promozione gratuita per una settimana, invitando i lettori a scaricare il libro e a lasciare recensioni. Successivamente, l'autore lancia una serie di Kindle Countdown Deals, in cui il prezzo viene ridotto progressivamente per un periodo di tempo stabilito, monitorando l'andamento delle vendite e il feedback degli utenti. Queste promozioni non solo aumentano il numero di letture e di recensioni, ma contribuiscono anche a migliorare l'algoritmo di posizionamento di Amazon, rendendo il libro più visibile nelle ricerche e nelle classifiche. L'adozione di queste strategie richiede una pianificazione accurata, in cui l'autore deve stabilire il periodo migliore per attivare le promozioni, in base alla stagionalità, alla concorrenza e alla disponibilità di budget per eventuali campagne pubblicitarie complementari. È fondamentale inoltre comunicare in maniera chiara e trasparente ai lettori le condizioni della promozione, utilizzando i social media, il sito web personale e le newsletter per diffondere l'iniziativa e massimizzare l'effetto virale. La gestione delle promozioni gratuite e dei Kindle Countdown Deals deve essere monitorata costantemente, analizzando i dati di vendita e il tasso di conversione, per valutare l'efficacia della strategia e apportare eventuali aggiustamenti nelle future campagne. L'esperienza di autori che hanno sfruttato queste offerte dimostra che, se ben pianificate, le promozioni possono rappresentare un trampolino di lancio per il successo del libro, favorendo una crescita esponenziale delle vendite e una maggiore interazione con il pubblico. La chiave del successo risiede nella capacità di integrare queste iniziative all'interno di una strategia di marketing più ampia, che preveda anche altre attività promozionali, come collaborazioni con influencer e campagne pubblicitarie mirate. L'utilizzo strategico di offerte a tempo crea un senso di urgenza e stimola l'acquisto, trasformando il lancio del libro in un evento mediatico che può attirare l'attenzione non solo dei lettori, ma anche dei media e dei critici del settore. L'efficacia di queste strategie promozionali si riflette anche nel passaparola e nelle recensioni positive, elementi che rafforzano ulteriormente la reputazione dell'autore e la visibilità del libro su Amazon.

5.8 I vantaggi della versione cartacea su KDP Print
La pubblicazione della versione cartacea tramite KDP Print rappresenta un'opportunità complementare alla versione digitale, capace di ampliare il bacino di lettori e di rafforzare la presenza dell'autore sia nel mondo online che in quello tradizionale. KDP Print consente di utilizzare il modello Print on Demand, che elimina il bisogno di grandi tirature e investimenti iniziali, permettendo la stampa delle copie solo al momento dell'ordine. Questo sistema, particolarmente vantaggioso per autori emergenti, riduce il rischio finanziario e garantisce una gestione flessibile delle scorte. La versione cartacea offre un'esperienza di lettura tangibile, che molti lettori apprezzano per il piacere di sfogliare un libro fisico e per la qualità estetica che una stampa curata può offrire. Un autore che decide di pubblicare sia in formato digitale sia in versione cartacea, infatti, riesce a raggiungere un pubblico più ampio, rispondendo alle preferenze di diversi segmenti di lettori. L'utilizzo di KDP Print permette di personalizzare il layout della versione cartacea, definendo elementi come il formato, la copertina rigida o flessibile, la scelta della carta e la finitura, in modo da ottenere un prodotto che rispecchi i più alti standard editoriali. Un esempio pratico riguarda un autore di romanzi che, dopo aver ottenuto successo con l'eBook, decide di lanciare la versione cartacea per essere presente anche nelle librerie fisiche e per offrire ai lettori un'esperienza di lettura più tradizionale. La gestione integrata di KDP Print consente di sincronizzare le informazioni con l'eBook,

semplificando il processo di pubblicazione e garantendo coerenza tra i due formati. La possibilità di utilizzare il modello Print on Demand è particolarmente vantaggiosa per titoli di nicchia o per opere che potrebbero avere una domanda variabile, poiché evita l'accumulo di copie invendute e permette di mantenere bassi i costi di magazzino. Inoltre, la versione cartacea può essere sfruttata per strategie di marketing specifiche, come la partecipazione a fiere del libro, eventi di presentazione e attività di promozione locale, ampliando la visibilità dell'autore al di fuori dell'ambiente digitale. L'esperienza di autori che hanno scelto di integrare la versione cartacea nella loro strategia di pubblicazione evidenzia come questo formato possa contribuire significativamente alla costruzione del brand autore, rafforzando la percezione di professionalità e solidità. La cura nella progettazione del layout, nella scelta dei materiali e nell'ottimizzazione della copertina per la versione stampata è un elemento distintivo che può fare la differenza nel mercato editoriale, aumentando le possibilità di ottenere recensioni positive e di fidelizzare il lettore. In quest'ottica, la combinazione di versioni digitali e cartacee rappresenta una strategia integrata che permette di massimizzare la portata dell'opera e di sfruttare appieno le potenzialità offerte dal Self Publishing, garantendo una presenza costante e diversificata sia online che offline.

5.9 Come pubblicare su Kobo, Apple Books e Google Play

La pubblicazione su piattaforme alternative ad Amazon, come Kobo, Apple Books e Google Play, rappresenta un'opportunità strategica per ampliare la distribuzione e raggiungere mercati internazionali. Ogni piattaforma possiede specificità tecniche e di target, ed è fondamentale che l'autore adatti il proprio libro per sfruttare al meglio le potenzialità di ciascun canale. Kobo, ad esempio, è molto apprezzata in mercati europei e offre funzionalità simili a quelle di Amazon KDP, consentendo la pubblicazione sia in formato digitale che in versione cartacea attraverso modelli di Print on Demand. La piattaforma permette di accedere a una vasta base di lettori che preferiscono un'interfaccia user-friendly e un'ampia scelta di titoli, rendendo la presenza su Kobo un vantaggio competitivo per autori che desiderano espandersi oltre i confini del mercato americano. Apple Books, invece, è particolarmente indicata per raggiungere utenti di dispositivi iOS, che sono noti per la loro propensione ad acquistare contenuti digitali di alta qualità. La pubblicazione su Apple Books richiede il rispetto di specifiche tecniche relative al formato e alla qualità del file, e offre una piattaforma elegante e integrata con l'ecosistema Apple. Google Play, infine, permette di raggiungere una vasta audience globale grazie alla predominanza dei dispositivi Android e alla facilità di integrazione con l'ecosistema di Google. Pubblicare su queste piattaforme richiede la preparazione di file in formati compatibili, la compilazione di metadati dettagliati e l'adeguamento del layout per garantire una resa ottimale su dispositivi di diverse dimensioni. Un autore che intende espandere la distribuzione del proprio libro può scegliere di utilizzare aggregatori digitali, come Draft2Digital o Smashwords, che semplificano la pubblicazione su più piattaforme contemporaneamente, risparmiando tempo e garantendo coerenza nelle informazioni. Ad esempio, un autore di saggistica potrebbe decidere di pubblicare il libro su KDP, ma anche su Kobo, Apple Books e Google Play, utilizzando un aggregatore per sincronizzare metadati, descrizioni e prezzi, ottenendo così una presenza multicanale che aumenta le possibilità di vendita. La gestione di pubblicazioni su piattaforme diverse richiede un monitoraggio costante dei dati di vendita e un adattamento delle strategie promozionali in base alle performance specifiche di ogni canale. È importante, inoltre, mantenere aggiornati i file e i metadati su ciascuna piattaforma, in modo da rispondere tempestivamente alle modifiche del mercato e alle richieste dei lettori. L'uso di report analitici e dashboard dedicate permette di confrontare i risultati ottenuti su ogni piattaforma e di ottimizzare la strategia complessiva, valutando quali canali offrano il miglior ritorno economico e quale pubblico sia maggiormente ricettivo al libro. La diversificazione della distribuzione non solo incrementa le possibilità di vendita, ma rafforza anche il brand autore, dimostrando la capacità di adattarsi a mercati differenti e di offrire un prodotto di alta qualità a livello globale. Un autore che adotta una strategia multicanale beneficia anche di una maggiore resilienza nel caso in cui uno dei canali dovesse subire variazioni nelle politiche di distribuzione o nei meccanismi di promozione, garantendo così una stabilità economica e una presenza costante sul mercato. La pubblicazione su piattaforme alternative è quindi un elemento chiave per chi desidera espandere il proprio raggio d'azione e raggiungere lettori in ogni angolo del mondo, sfruttando le peculiarità e i punti di forza di ciascun ecosistema digitale.

5.10 Autopubblicazione internazionale: vendere in più lingue

L'autopubblicazione internazionale rappresenta una delle strategie più ambiziose e remunerative per gli autori, poiché permette di raggiungere mercati esteri e di ampliare notevolmente la base di lettori. La possibilità di vendere il proprio libro in più lingue apre nuove opportunità di guadagno, ma comporta anche sfide specifiche legate alla traduzione, all'adattamento culturale e alla gestione dei diritti d'autore a livello globale. Un autore che decide di intraprendere questo percorso deve iniziare con un'analisi approfondita dei mercati di riferimento, individuando le lingue e le regioni dove la domanda per il proprio genere letterario è più elevata. Ad esempio, un romanzo di narrativa storica potrebbe riscuotere successo in paesi europei, mentre un manuale di auto-aiuto potrebbe trovare un vasto pubblico in America Latina o in Asia. La traduzione del libro è un passaggio critico: è fondamentale affidarsi a traduttori professionisti che non solo conoscano la lingua, ma anche la cultura di destinazione, in modo da preservare il tono, lo stile e il messaggio originale dell'opera. Un esempio pratico riguarda un autore di saggistica che, dopo aver ottenuto successo in lingua italiana, decide di tradurre il libro in inglese e spagnolo, collaborando con traduttori specializzati e verificando la qualità del testo attraverso beta reader madrelingua. L'adattamento culturale è un ulteriore aspetto da considerare: alcune espressioni, riferimenti o esempi potrebbero non essere compresi allo stesso modo in contesti differenti, e l'adeguamento del contenuto diventa quindi indispensabile per garantire che il messaggio arrivi in maniera efficace a un pubblico internazionale. Le piattaforme di distribuzione, come Amazon KDP, Kobo e Apple Books, offrono strumenti per la pubblicazione multilingue, consentendo di gestire separatamente i titoli in diverse lingue e di impostare strategie di prezzo e promozioni specifiche per ogni mercato. L'utilizzo di aggregatori e di traduttori digitali può semplificare il processo, ma è essenziale mantenere un controllo di qualità rigoroso per assicurarsi che la versione tradotta sia fedele all'originale e rispetti gli standard editoriali richiesti. La promozione internazionale richiede anche una strategia di marketing diversificata: l'autore deve adattare le campagne promozionali, le descrizioni e le parole chiave alle specificità linguistiche e culturali del target, sfruttando i social media, influencer e media locali per aumentare la visibilità del libro. Un autore che adotta un approccio globale beneficia della possibilità di accedere a mercati con potenzialità di crescita elevate, diversificando le fonti di guadagno e riducendo la dipendenza da un singolo mercato. La gestione dei diritti d'autore, inoltre, diventa un aspetto rilevante in ambito internazionale: è importante conoscere le normative e le prassi vigenti nei diversi paesi per proteggere il proprio lavoro e garantire un equo ritorno economico. L'autopubblicazione internazionale richiede una pianificazione attenta e una costante revisione delle strategie in base alle performance di vendita e alle tendenze dei vari mercati, rendendo il percorso dinamico e in continua evoluzione. L'integrazione di feedback e dati di vendita permette all'autore di ottimizzare la propria offerta e di individuare le lingue e i canali più performanti, creando un ecosistema editoriale globale che valorizzi il contenuto e amplifichi il brand. La capacità di adattarsi a un contesto internazionale è un segno di professionalità e di visione strategica, che può portare a risultati economici significativi e a una crescita sostenibile nel tempo. L'uso di tecnologie digitali e la collaborazione con professionisti specializzati rappresentano strumenti indispensabili per affrontare le sfide dell'autopubblicazione internazionale, trasformando ogni barriera linguistica e culturale in un'opportunità di espansione e di successo.

Esercizi di fine capitolo

1. Crea una guida passo passo per la pubblicazione del tuo libro su Amazon KDP, includendo la preparazione del file, la compilazione dei metadati, la scelta del prezzo e la verifica del file su diversi dispositivi. Descrivi ogni passaggio con esempi pratici e annota eventuali difficoltà incontrate e come le hai risolte.

2. Redigi un documento di strategia in cui confronti KDP Select e la distribuzione Wide per il tuo libro, evidenziando i pro e i contro di ciascun modello e indicando quale scelta ritieni più vantaggiosa per il tuo target. Includi anche idee per promozioni gratuite o Kindle Countdown Deals che potresti implementare.

3. Prepara un piano di distribuzione internazionale: scegli due lingue in cui tradurre il tuo libro e

descrivi il processo di traduzione, le strategie di adattamento culturale e le piattaforme su cui intendi pubblicare (come Kobo, Apple Books, Google Play). Indica anche come monitorerai le performance e raccoglierai feedback dai lettori in ciascun mercato.

Capitolo 6: Strategie di Marketing per il Self Publishing

6.1 L'importanza del marketing nel Self Publishing

Il marketing nel Self Publishing riveste un ruolo centrale per il successo di un libro, in quanto trasforma il lavoro creativo in un prodotto vendibile e visibile in un mercato altamente competitivo. Senza una strategia di marketing ben definita, anche il libro più ben scritto rischia di rimanere inosservato, mentre una campagna di marketing efficace può fare la differenza nel creare un pubblico fedele e nel generare vendite costanti. Il marketing, in questo contesto, non si limita alla semplice pubblicità, ma abbraccia una serie di attività integrate, che includono la definizione del target, la creazione di una brand identity, l'utilizzo di canali digitali e tradizionali e l'analisi dei dati di vendita per affinare le strategie nel tempo. Un autore che decide di intraprendere il percorso del Self Publishing deve comprendere che il successo commerciale non dipende soltanto dalla qualità del contenuto, ma anche dalla capacità di comunicare il valore dell'opera ai lettori potenziali. Ad esempio, un autore di narrativa storica può utilizzare strategie di content marketing per condividere approfondimenti storici, curiosità e anteprime della trama, creando una narrazione intorno al libro che stimoli l'interesse e alimenti la curiosità del pubblico. La costruzione di una brand identity solida permette inoltre di distinguersi dalla concorrenza, rendendo riconoscibile il nome dell'autore e favorendo il passaparola. L'uso dei social media, delle newsletter, dei blog e di piattaforme video è fondamentale per creare un ecosistema di comunicazione che coinvolga il lettore a diversi livelli, dalla scoperta iniziale alla fidelizzazione. Un autore può, per esempio, utilizzare Instagram per condividere immagini suggestive relative al tema del libro, organizzare dirette su Facebook o YouTube per interagire con i fan, e mantenere un blog dove approfondire argomenti correlati, creando così una community attiva e partecipativa. Inoltre, il marketing permette di raccogliere feedback preziosi che aiutano a perfezionare sia il prodotto editoriale sia le strategie promozionali. L'analisi dei dati, infatti, consente di comprendere quali canali generano maggior traffico, quali tipi di contenuti funzionano meglio e come si evolve la domanda del mercato. Questa conoscenza permette di investire risorse in maniera mirata, migliorando l'efficacia delle campagne pubblicitarie e aumentando il ritorno sull'investimento. Un ulteriore aspetto importante riguarda la pianificazione a lungo termine: una strategia di marketing ben articolata non si limita a lanciare il libro, ma prevede attività continuative che mantengano alta l'attenzione sul prodotto, come eventi, aggiornamenti e collaborazioni. In questo modo, l'autore costruisce un legame duraturo con i lettori, che possono diventare ambasciatori del brand e contribuire alla crescita organica delle vendite. La flessibilità e l'adattabilità sono d'altro canto qualità indispensabili, poiché il mercato editoriale è in costante evoluzione e richiede una capacità di risposta rapida alle nuove tendenze. La combinazione di creatività, analisi dei dati e coerenza nel messaggio promozionale rappresenta la chiave per un marketing di successo nel

Self Publishing, che consente di trasformare il libro in un prodotto di valore, capace di generare non solo guadagni immediati, ma anche una solida reputazione a lungo termine.

6.2 Creare una strategia di lancio per il libro

Una strategia di lancio ben pianificata è essenziale per dare il via al successo di un libro nel mondo del Self Publishing, poiché il lancio rappresenta il momento in cui il prodotto viene presentato al pubblico e inizia a generare le prime vendite e recensioni. La pianificazione deve partire dall'analisi del target di riferimento, per comprendere quali canali utilizzare e quali messaggi trasmettere per catturare l'attenzione dei lettori. Ad esempio, un autore di romanzi thriller potrebbe decidere di sfruttare il potere dei social media per creare suspense, pubblicando estratti misteriosi, teaser e citazioni in modo da stuzzicare la curiosità degli utenti. La strategia di lancio comprende anche la definizione di una timeline precisa, in cui vengono stabiliti i momenti chiave: l'anteprima del libro, il periodo di pre-ordine, il lancio ufficiale e le successive attività promozionali. Durante la fase di pre-lancio, l'autore può utilizzare il blog, le newsletter e le community online per comunicare il progetto, offrire contenuti esclusivi e incentivare i lettori a partecipare a giveaway o a lasciare recensioni in anticipo. Un lancio efficace prevede inoltre la collaborazione con influencer e blogger, che possono aiutare a diffondere il messaggio attraverso recensioni, interviste e post sponsorizzati, ampliando così il bacino di potenziali lettori. Un esempio pratico è quello di un autore che, prima del lancio del suo libro di auto-aiuto, organizza una serie di webinar gratuiti sui temi trattati nel libro, invitando esperti del settore e raccogliendo testimonianze che verranno poi integrate nella strategia promozionale. La fase di lancio deve essere supportata da una comunicazione coordinata, in cui il sito web, i social media, le newsletter e persino le pagine di vendita su piattaforme come Amazon presentano informazioni coerenti e aggiornate sul libro. È fondamentale creare un "evento" intorno al lancio, che può includere sessioni Q&A, dirette streaming, contest e sconti temporanei, rendendo l'acquisto del libro un'esperienza coinvolgente e interattiva. L'uso di strumenti analitici per monitorare in tempo reale l'andamento delle vendite e le reazioni del pubblico permette di apportare modifiche tempestive alla strategia, ottimizzando le campagne e indirizzando le risorse sui canali più performanti. Una strategia di lancio ben strutturata non solo favorisce un inizio brillante per il libro, ma pone le basi per una presenza di lungo periodo sul mercato, creando una community di lettori fidelizzati e consolidando il brand autore. La capacità di pianificare ogni fase del lancio, dalla creazione del materiale promozionale alla gestione degli eventi e delle interazioni online, rappresenta una competenza indispensabile per trasformare un'idea in un successo commerciale, dimostrando come il marketing sia una parte integrante e imprescindibile del percorso del Self Publishing.

6.3 Come usare Amazon Ads per aumentare le vendite
Amazon Ads rappresenta uno strumento potente per incrementare le vendite di un libro nel contesto del Self Publishing, poiché permette di raggiungere un pubblico altamente profilato e di posizionare il prodotto all'interno

dei risultati di ricerca e delle pagine correlate. L'utilizzo delle campagne pubblicitarie su Amazon richiede una pianificazione accurata e una buona conoscenza degli strumenti di targeting, che consentono di indirizzare gli annunci a utenti interessati al genere o all'argomento trattato. Un autore che decide di investire in Amazon Ads deve partire dalla definizione di un budget e dalla scelta degli obiettivi, che possono variare dal miglioramento della visibilità a un incremento diretto delle vendite. Ad esempio, un autore di romanzi storici può utilizzare Amazon Ads per promuovere il libro a utenti che hanno cercato titoli simili o che hanno visualizzato opere appartenenti alla stessa categoria, sfruttando le funzionalità di targeting per età, interessi e comportamenti di acquisto. Le campagne pubblicitarie su Amazon si basano su un sistema di costo per clic (CPC), e l'ottimizzazione delle parole chiave è fondamentale per massimizzare il ritorno sull'investimento. L'autore deve quindi analizzare quali termini di ricerca siano più pertinenti e competitivi, utilizzando strumenti come Publisher Rocket per individuare le keyword che garantiscano una buona esposizione con costi contenuti. Un esempio pratico è quello di un autore di saggistica che, dopo aver identificato le keyword più performanti relative al tema trattato, crea una campagna mirata che appare agli utenti che cercano argomenti specifici. La gestione delle campagne richiede anche un monitoraggio costante: analizzare le metriche, come il tasso di conversione, il costo per clic e il numero di impressioni, permette di apportare modifiche in tempo reale, ottimizzando le performance e allocando il budget in maniera efficace. La sperimentazione di diverse varianti di annunci, come titoli, descrizioni e immagini, aiuta a capire quali elementi siano in grado di generare un maggiore interesse e a migliorare il tasso di conversione. Amazon Ads offre anche la possibilità di segmentare le campagne in base a criteri geografici e demografici, rendendo possibile una personalizzazione avanzata dell'offerta pubblicitaria. Un autore che utilizza queste funzionalità può indirizzare i propri annunci a mercati specifici, ad esempio concentrando gli investimenti in regioni dove il libro ha già mostrato un potenziale di vendita superiore. L'uso strategico di Amazon Ads si integra perfettamente con altre attività di marketing, come le promozioni sui social media e le campagne newsletter, creando un ecosistema promozionale coordinato e sinergico. L'investimento in pubblicità su Amazon, se ben gestito, può portare a un incremento sostanziale delle vendite e a una migliore posizione del libro nelle classifiche, migliorando l'algoritmo di visibilità e facilitando la scoperta da parte di nuovi lettori. La capacità di interpretare i dati e di adattare le strategie pubblicitarie in tempo reale è fondamentale per sfruttare appieno il potenziale di questo strumento, trasformando ogni clic in un'opportunità di vendita e contribuendo in maniera significativa al successo commerciale del libro.

6.4 Tecniche SEO per il titolo e la descrizione del libro
L'ottimizzazione per i motori di ricerca (SEO) rappresenta una componente essenziale della strategia di marketing nel Self Publishing, poiché il titolo e la descrizione del libro sono gli elementi primari che determinano la visibilità del prodotto all'interno delle piattaforme come Amazon e nei

motori di ricerca esterni. Utilizzare tecniche SEO efficaci significa integrare parole chiave strategiche che rispecchino il contenuto e il genere dell'opera, in modo da facilitare il posizionamento nelle ricerche degli utenti e attrarre un pubblico altamente interessato. Un titolo ben strutturato deve essere breve, incisivo e contenere termini rilevanti che possano essere ricercati dai potenziali lettori; allo stesso tempo, la descrizione deve fornire informazioni dettagliate ma concise, evidenziando i punti di forza del libro e invitando all'azione. Ad esempio, se si tratta di un romanzo di fantascienza, il titolo potrebbe includere parole come "galassia", "futuro" o "avventura", mentre la descrizione dovrebbe delineare l'ambientazione, i personaggi e gli elementi distintivi della trama. La ricerca delle parole chiave è un passaggio fondamentale: strumenti come Google Keyword Planner, Ahrefs o Publisher Rocket permettono di identificare i termini più ricercati nel proprio settore e di valutare il livello di concorrenza. Un autore che intende applicare tecniche SEO deve inoltre prestare attenzione alla formattazione del testo, utilizzando grassetto, elenchi puntati e sottotitoli per rendere il contenuto facilmente scansionabile, facilitando così la lettura da parte sia degli utenti che degli algoritmi di ricerca. Un esempio pratico riguarda un autore di saggistica che scrive un libro sul digital marketing: la descrizione potrebbe essere strutturata in paragrafi brevi che evidenziano i benefici, le tecniche trattate e i risultati attesi, inserendo le keyword in modo naturale e senza forzature. L'ottimizzazione SEO non si limita al solo testo, ma comprende anche i metadati: la compilazione accurata dei campi relativi a parole chiave, categorie e tag è indispensabile per migliorare l'indicizzazione del libro e aumentare le possibilità di apparire nei risultati di ricerca. È inoltre importante aggiornare periodicamente i contenuti, monitorando le tendenze di ricerca e adattando il testo in base ai feedback ricevuti, per mantenere il libro competitivo nel tempo. La sinergia tra tecniche SEO e strategie di marketing digitale permette di creare un prodotto editoriale che non solo attrae l'attenzione del lettore, ma viene anche facilmente trovato durante le ricerche online, incrementando il traffico organico e le vendite. L'autore, integrando SEO e contenuti di qualità, trasforma il titolo e la descrizione in potenti strumenti di marketing, capaci di comunicare il valore dell'opera e di posizionarla in maniera vantaggiosa nei motori di ricerca. L'uso strategico di queste tecniche richiede una costante analisi dei dati e una capacità di adattamento, che permettono di rimanere al passo con le evoluzioni del mercato e di ottimizzare la visibilità del libro in modo continuo e sostenibile.

6.5 Utilizzare le newsletter per promuovere il libro
Le newsletter rappresentano uno strumento di marketing estremamente efficace per costruire e mantenere un rapporto diretto e personale con i lettori, fornendo aggiornamenti, contenuti esclusivi e promozioni dedicate. Utilizzando una newsletter, l'autore può comunicare in modo regolare e mirato, creando una community di follower interessati che diventano ambasciatori del libro e del brand autore. La creazione di una mailing list di qualità parte dalla raccolta degli indirizzi email attraverso il sito web, eventi, giveaway e social media, offrendo in cambio contenuti di valore, come estratti del libro,

consigli esclusivi o risorse gratuite. Un esempio pratico è quello di un autore di narrativa che, prima del lancio del nuovo romanzo, invia una newsletter per presentare il progetto, raccontare retroscena della scrittura e anticipare curiosità sulla trama, stimolando l'interesse e incentivando i pre-ordini. Le newsletter, inoltre, sono un canale privilegiato per la fidelizzazione del pubblico, poiché permettono di mantenere un contatto costante anche dopo l'acquisto del libro, offrendo aggiornamenti su nuovi progetti, eventi e promozioni esclusive riservate agli iscritti. La struttura della newsletter deve essere curata: un design pulito e accattivante, una suddivisione in sezioni chiare e un messaggio personalizzato aumentano l'efficacia della comunicazione e migliorano il tasso di apertura. Un autore che utilizza piattaforme di email marketing come Mailchimp, ConvertKit o SendinBlue può segmentare la propria mailing list in base agli interessi, alla provenienza e all'interazione precedente, garantendo così che ogni messaggio sia il più pertinente possibile per il destinatario. La creazione di contenuti esclusivi e di alta qualità è fondamentale: l'autore può includere interviste, approfondimenti tematici, consigli pratici e sconti speciali che rendano la newsletter un punto di riferimento per il lettore. L'uso di call-to-action chiare, che invitino a visitare la pagina del libro o a partecipare a eventi online, trasforma la newsletter in un motore di conversione, capace di generare vendite e di rafforzare la presenza del libro nel mercato. Monitorare le performance della newsletter – attraverso tassi di apertura, clic e conversioni – permette di ottimizzare continuamente il contenuto e la frequenza delle comunicazioni, garantendo che il messaggio raggiunga il pubblico in maniera efficace e tempestiva. La strategia di email marketing, se integrata in un piano di marketing più ampio, contribuisce a creare una relazione duratura e proficua con i lettori, che si traduce in una maggiore fidelizzazione e in un passaparola positivo, elementi indispensabili per il successo a lungo termine nel Self Publishing.

6.6 Blog e social media: come attrarre lettori

L'utilizzo di blog e social media è un pilastro fondamentale nella strategia di marketing per il Self Publishing, in quanto offre la possibilità di creare contenuti di valore, interagire con il pubblico e ampliare il raggio d'azione del libro. La gestione di un blog, ad esempio, permette all'autore di condividere approfondimenti, storie personali, retroscena della scrittura e analisi tematiche che arricchiscono l'esperienza del lettore, mentre i social media offrono canali dinamici per promuovere il libro, creare engagement e fidelizzare una community. Un autore che intende sfruttare questi strumenti deve innanzitutto definire una strategia di contenuti coerente, in cui ogni post, tweet o video contribuisca a raccontare il brand e a comunicare il valore dell'opera. Ad esempio, un autore di saggistica sul digital marketing può pubblicare articoli sul blog che approfondiscono le tecniche trattate nel libro, accompagnati da infografiche, studi di caso e interviste, mentre su LinkedIn e Twitter può condividere aggiornamenti, citazioni e consigli pratici che invoglino il pubblico a scoprire di più. La costanza e la qualità dei contenuti sono elementi chiave per attrarre e mantenere l'attenzione dei lettori; pubblicazioni regolari, programmate attraverso un calendario editoriale, aiutano a creare aspettativa e a stabilire l'autore come punto di riferimento nel proprio settore. I social media offrono inoltre la possibilità di interagire direttamente con i follower, rispondendo ai commenti, partecipando a discussioni e organizzando sessioni di Q&A, attività che non solo aumentano la visibilità del libro, ma rafforzano anche il legame emotivo con il pubblico. Un esempio pratico può essere quello di un autore che utilizza Instagram per pubblicare storie e post che mostrano il dietro le quinte della scrittura, creando un senso di vicinanza e autenticità, mentre utilizza Facebook per organizzare eventi virtuali e gruppi di lettura che coinvolgono i fan in discussioni approfondite. L'integrazione tra blog e social media permette di creare una sinergia, in cui i contenuti pubblicati sul blog vengono condivisi sui canali social, amplificando il loro impatto e raggiungendo un pubblico più vasto. L'uso di strumenti di analisi, come Google Analytics per il blog e le metriche interne delle piattaforme social, consente di monitorare l'engagement e di adattare la strategia in base ai dati raccolti, identificando quali tipologie di contenuti funzionino meglio e quali canali generino maggior traffico e conversioni. La capacità di attrarre lettori tramite blog e social media si traduce in una crescita organica del pubblico, in un aumento delle vendite e in una maggiore visibilità del libro, rendendo questi strumenti indispensabili per chi intende avere successo nel Self Publishing.

6.7 Il potere delle collaborazioni con altri autori

Le collaborazioni con altri autori rappresentano una

strategia di marketing estremamente efficace per ampliare il network, condividere esperienze e raggiungere nuovi segmenti di pubblico. Collaborare con colleghi che operano nello stesso settore o in generi complementari consente di sfruttare sinergie, unire le forze e creare campagne promozionali congiunte che amplificano la visibilità di tutti i partecipanti. Un autore che decide di instaurare collaborazioni può, per esempio, organizzare eventi online, webinar o podcast in cui discutere temi comuni, presentare le proprie opere e rispondere alle domande del pubblico. Queste iniziative non solo arricchiscono l'esperienza dei lettori, ma creano anche opportunità per scambi di guest post sui blog, interviste reciproche e promozioni incrociate sui social media. Un esempio pratico riguarda un gruppo di autori di romanzi storici che si uniscono per organizzare una serie di dirette streaming durante le quali raccontano aneddoti, curiosità e approfondimenti sul periodo storico di riferimento, invitando gli spettatori a scoprire i propri libri. Le collaborazioni possono estendersi anche a progetti editoriali comuni, come antologie o raccolte di saggi, che permettono di creare un prodotto unico che valorizza le competenze e le prospettive di ciascun autore. Il potere delle collaborazioni risiede anche nella capacità di sfruttare il passaparola e di ampliare il proprio network professionale, poiché ogni nuova connessione porta con sé l'opportunità di raggiungere lettori che altrimenti potrebbero non conoscere il proprio lavoro. Un'altra forma di collaborazione efficace è la partecipazione a gruppi o comunità di autori, in cui condividere risorse, consigli e strategie di marketing, creando così un ambiente di supporto reciproco che favorisce la crescita professionale e la visibilità di tutti i partecipanti. L'importanza di stabilire relazioni di fiducia e di collaborazione si riflette anche nella possibilità di co-creare contenuti, come guide, workshop o corsi online, che possono essere promossi congiuntamente e che offrono valore aggiunto ai lettori. La sinergia derivante da queste collaborazioni permette di accedere a nuove piattaforme, di sperimentare nuovi formati di contenuto e di incrementare l'efficacia delle campagne promozionali. L'esperienza di autori che hanno instaurato partnership strategiche dimostra come la condivisione delle risorse e delle competenze possa portare a risultati superiori rispetto a strategie promozionali isolate, creando un effetto moltiplicatore che si traduce in un aumento delle vendite e in una maggiore reputazione nel mercato del Self Publishing. La capacità di costruire relazioni collaborative, basate sulla trasparenza e sulla condivisione di obiettivi, è un elemento chiave per il successo e per la crescita sostenibile nel lungo periodo, trasformando ogni collaborazione in un investimento nel futuro dell'autore.

6.8 Giveaway e offerte promozionali

L'organizzazione di giveaway e offerte promozionali rappresenta una tattica strategica molto efficace per attrarre nuovi lettori e stimolare l'interesse nei confronti del libro. Queste iniziative, che possono includere la distribuzione gratuita di copie in cambio di recensioni o la partecipazione a concorsi, sono in grado di generare un buzz intorno all'opera e di amplificare il passaparola. Un autore che decide di lanciare un giveaway può, ad esempio, utilizzare i social media e la newsletter per invitare il pubblico a partecipare a un concorso in cui è possibile vincere una copia autografata o un pacchetto di prodotti correlati al libro. Queste attività creano un senso di esclusività e di urgenza, stimolando l'interazione e favorendo la condivisione del messaggio promozionale. Un esempio pratico riguarda un autore di saggistica che organizza un concorso su Instagram: i partecipanti devono seguire la pagina, taggare amici e condividere il post, aumentando così la visibilità del libro e raggiungendo un pubblico più vasto. Le offerte promozionali, come sconti temporanei o Kindle Countdown Deals, sono altrettanto importanti per incrementare le vendite, soprattutto durante le fasi di lancio o in periodi di bassa stagione. Queste promozioni, che durano solitamente pochi giorni, creano un senso di urgenza nell'acquirente e possono trasformarsi in un catalizzatore per il passaparola, poiché i lettori soddisfatti sono spesso propensi a condividere le proprie esperienze positive con amici e colleghi. L'organizzazione di giveaway e offerte promozionali deve essere pianificata con attenzione, definendo obiettivi chiari, budget e una strategia di diffusione integrata. È fondamentale, ad esempio, coordinare le promozioni con l'invio di newsletter, aggiornamenti sul blog e campagne pubblicitarie sui social media, in modo da creare un effetto sinergico che massimizzi l'impatto. Monitorare i risultati delle promozioni, analizzando metriche come il numero di partecipanti, il tasso di conversione e l'incremento delle vendite, permette di valutare l'efficacia della strategia e di apportare eventuali modifiche per le future campagne. Un autore che integra giveaway e offerte promozionali nella sua strategia di marketing dimostra una forte attenzione alle dinamiche di mercato e una capacità di adattamento alle esigenze dei lettori, trasformando ogni promozione in un'opportunità per costruire una relazione duratura con il pubblico e per rafforzare la propria presenza nel mercato del Self Publishing.

6.9 Creare una community di lettori fedeli

La creazione di una community di lettori fedeli rappresenta un obiettivo fondamentale per un autore che intende costruire una carriera solida e duratura nel Self Publishing. Una community attiva non solo sostiene il successo immediato del libro, ma offre anche un bacino di fan che possono diventare ambasciatori del brand autore, contribuendo al passaparola e alla diffusione del prodotto nel tempo. Costruire una community richiede un approccio integrato e personalizzato, che parte dalla creazione di contenuti di valore e dall'interazione costante con i lettori. Un autore può iniziare invitando i lettori a iscriversi a una newsletter, a seguire i propri profili sui social media o a partecipare a gruppi di discussione su piattaforme dedicate come Facebook o Goodreads. Questi canali permettono di instaurare un dialogo diretto, in cui l'autore può condividere aggiornamenti, retroscena del processo creativo, anticipazioni e rispondere alle domande dei fan. Un esempio pratico riguarda un autore di romanzi che crea un gruppo Facebook esclusivo per i lettori, dove vengono organizzati eventi online, discussioni su temi del libro e contest a premi. Queste attività favoriscono il senso di appartenenza e stimolano il coinvolgimento attivo, creando una rete di contatti che va oltre il semplice acquisto del libro. L'uso di piattaforme di community online, unito a strategie di content marketing come blog, podcast e video, consente di diffondere il messaggio del brand autore e di fidelizzare il pubblico nel tempo. Inoltre, la raccolta di feedback e suggerimenti dai membri della community permette all'autore di migliorare continuamente il prodotto editoriale, adattando i contenuti alle esigenze e alle preferenze dei lettori. La creazione di una community di lettori fedeli è un investimento a lungo termine che comporta la condivisione di valori, la trasparenza nella comunicazione e la capacità di generare contenuti che stimolino emozioni e interazioni positive. Un autore che si impegna in questa direzione costruisce un rapporto basato sulla fiducia, in cui i lettori si sentono parte di un progetto più ampio e sono disposti a supportare il lavoro dell'autore attraverso recensioni, condivisioni e feedback costruttivi. La costanza e la qualità della comunicazione sono elementi chiave: pubblicare regolarmente aggiornamenti, coinvolgere i fan in decisioni creative e offrire contenuti esclusivi sono strategie che consolidano il legame con la community. L'utilizzo di strumenti di gestione delle relazioni, come piattaforme di email marketing e software per la gestione dei social media, permette di segmentare il pubblico e di personalizzare le interazioni, garantendo un'esperienza su misura per ogni lettore. La fidelizzazione del pubblico, ottenuta attraverso la creazione di una community attiva, si traduce in una base solida di supporto che può generare vendite costanti e promuovere il libro in maniera organica, contribuendo in maniera significativa al successo a lungo termine nel mondo del Self Publishing.

6.10 Analizzare le vendite per ottimizzare la strategia

L'analisi delle vendite è un passaggio cruciale per

ottimizzare la strategia di marketing nel Self Publishing, poiché fornisce dati concreti sulle performance del libro e permette di prendere decisioni informate per migliorare le campagne promozionali. Monitorare costantemente le metriche di vendita, il tasso di conversione e l'andamento delle recensioni consente all'autore di identificare i punti di forza e le aree di miglioramento, adattando la strategia in base ai risultati ottenuti. Utilizzare strumenti analitici messi a disposizione da piattaforme come Amazon KDP e altre dashboard di vendita permette di ottenere informazioni dettagliate sui comportamenti d'acquisto dei lettori, sulle fonti di traffico e sulla performance delle diverse campagne pubblicitarie. Ad esempio, un autore può scoprire che una particolare campagna di Amazon Ads ha generato un aumento significativo delle vendite in una determinata fascia oraria o in una specifica area geografica, e decidere di replicare quella strategia in altre campagne. Un'analisi approfondita permette inoltre di valutare l'efficacia delle promozioni, come i giveaway o i Kindle Countdown Deals, e di capire se tali iniziative abbiano portato a un incremento del numero di recensioni e a una maggiore visibilità del libro. Un esempio pratico riguarda un autore che, osservando un calo delle vendite dopo un periodo di bassa interazione sui social media, decide di intensificare le attività di comunicazione e di rilanciare una campagna di email marketing, monitorando attentamente le variazioni nei dati di vendita. La capacità di interpretare le metriche e di trasformare i dati in insight strategici è fondamentale per ottimizzare continuamente la propria strategia di marketing. L'autore deve considerare anche la stagionalità del mercato e le variazioni del comportamento dei lettori, adattando di conseguenza le promozioni e le attività comunicative. L'utilizzo di report periodici e la definizione di obiettivi chiari a breve e lungo termine aiutano a mantenere un controllo costante sulle performance, garantendo che ogni decisione sia supportata da dati concreti. Inoltre, l'analisi delle vendite permette di identificare quali canali di distribuzione siano più performanti, facilitando l'allocazione delle risorse su quei canali che generano il maggior ritorno economico. La revisione continua della strategia, basata su feedback quantitativi e qualitativi, consente di innovare e sperimentare nuove tattiche, migliorando l'efficacia complessiva delle attività di marketing e rafforzando il posizionamento del libro nel mercato. Un autore che sa utilizzare i dati per orientare le proprie decisioni dimostra una visione imprenditoriale e una capacità di adattamento indispensabili per avere successo nel mondo del Self Publishing, trasformando ogni informazione raccolta in un'opportunità per migliorare e crescere nel tempo.

Esercizi di fine capitolo

1. Crea un piano di marketing completo per il lancio del tuo libro, includendo strategie per social media, email marketing, collaborazioni e campagne pubblicitarie. Specifica obiettivi, budget e tempistiche, e descrivi come misurerai il successo di ciascuna attività.

2. Sviluppa una campagna utilizzando Amazon Ads: scegli le keyword, definisci il budget e monitora le metriche chiave (clic, conversioni e tasso di vendita). Redigi un breve report che evidenzi le

strategie adottate e i risultati ottenuti, suggerendo
eventuali modifiche per ottimizzare la campagna.

3. Prepara un'analisi dei dati di vendita del tuo libro
(o di un libro di riferimento) per un periodo di
almeno un mese. Identifica le fonti di traffico e i
canali di vendita più performanti, e scrivi un
documento in cui proponi strategie per migliorare
la visibilità e aumentare le vendite basandoti sui
dati raccolti.

Capitolo 7: Guadagnare con le Serie di Libri e il Personal Branding

7.1 Perché scrivere serie di libri può aumentare i guadagni

Scrivere una serie di libri rappresenta una strategia estremamente efficace per incrementare i guadagni nel mondo del Self Publishing, in quanto permette di capitalizzare su un pubblico già fidelizzato e di sfruttare l'effetto cumulativo di vendite ripetute. Quando un autore pubblica un singolo libro, il potenziale di guadagno si basa principalmente sull'impatto di quell'opera in isolamento; invece, con una serie, ogni nuovo volume non solo attira nuovi lettori, ma beneficia anche del successo dei titoli precedenti, creando un ciclo virtuoso. Ad esempio, un autore di romanzi fantasy che lancia il primo libro di una saga può utilizzare il successo del debutto per promuovere i successivi volumi, i quali saranno accolti con maggiore interesse da parte di lettori che si sono già appassionati alla storia e ai personaggi. Questo effetto "brand extension" permette di sfruttare il passaparola e di creare un'immagine di autore autorevole e riconoscibile nel proprio genere. La pubblicazione di una serie consente inoltre di pianificare campagne di marketing integrate, in cui ogni volume diventa un tassello di una narrazione più ampia, incentivando i lettori a completare l'intera saga per ottenere un'esperienza completa. La sinergia tra i libri permette di proporre bundle, offerte promozionali e sconti su acquisti multipli, aumentando il valore medio della transazione e favorendo una maggiore fidelizzazione del pubblico. L'approccio a serie, inoltre, permette di diversificare il rischio: se un volume non performa come atteso, gli altri della saga possono compensarne le eventuali perdite, garantendo una continuità di guadagni nel tempo. Un ulteriore vantaggio risiede nella possibilità di espandere l'universo narrativo attraverso spin-off e prequel, che consentono di capitalizzare ulteriormente sulla popolarità dei personaggi e del mondo creato, attirando nicchie di lettori interessate a specifici aspetti della saga. Gli autori che sanno strutturare una serie in modo coerente e coinvolgente tendono a sviluppare una base di fan fedeli, che non solo acquistano ogni nuovo titolo, ma promuovono attivamente l'opera attraverso il passaparola e le recensioni positive. La creazione di una saga ben articolata richiede una pianificazione editoriale accurata e una visione a lungo termine, in cui ogni libro viene concepito come parte di un progetto più ampio. L'investimento iniziale in termini di tempo e risorse per scrivere una serie viene ammortizzato nel tempo grazie alla moltiplicazione degli effetti di marketing e alla possibilità di realizzare una presenza continuativa sul mercato. Inoltre, il successo di una serie può aprire la porta a ulteriori opportunità di business, come la vendita di diritti per adattamenti cinematografici, la creazione di merchandise e persino la partecipazione a eventi e convention dedicate al genere. La capacità di scrivere una serie permette quindi di trasformare la passione per la scrittura in una vera e propria impresa imprenditoriale, in cui il valore del brand autore cresce con ogni nuovo volume pubblicato. Attraverso la costruzione di un universo narrativo coerente e ben strutturato, l'autore può stabilire una connessione emotiva duratura con i lettori, aumentando la probabilità di vendite ripetute e di espansione del proprio pubblico nel tempo.

7.2 Creare un brand personale come autore

Creare un brand personale come autore è fondamentale per distinguersi nel competitivo mondo del Self Publishing e per instaurare un rapporto di fiducia e fedeltà con il pubblico. Il brand personale rappresenta l'insieme delle percezioni, dei valori e dell'immagine che il lettore associa all'autore e alle sue opere; è il segno distintivo che trasforma un semplice scrittore in un marchio riconoscibile e affidabile. Per costruire un brand forte, è importante partire da una chiara definizione della propria identità: questo include il genere letterario in cui si opera, lo stile narrativo, i temi ricorrenti e, non meno importante, la personalità e la storia personale che possono essere condivise per creare un legame emotivo con i lettori. Ad esempio, un autore di romanzi storici può raccontare le proprie esperienze di ricerca, le passioni per l'epoca trattata e le difficoltà incontrate nel ricostruire dettagli storici accurati, creando così un'immagine di autore impegnato e competente. Un brand personale ben costruito si manifesta attraverso ogni punto di contatto con il pubblico, dal sito web alle pagine social, dalle newsletter agli eventi pubblici. È importante curare l'immagine grafica, utilizzando loghi, colori e stili coerenti che richiamino l'essenza del proprio lavoro, in modo che il lettore riconosca immediatamente il marchio autore quando vede una nuova opera o un aggiornamento. La presenza online gioca un ruolo decisivo: la gestione attiva dei social media, la creazione di un blog personale e la partecipazione a forum e community di settore permettono di comunicare direttamente con il pubblico e di mostrare la propria personalità. Un autore che interagisce in modo autentico, condividendo non solo le proprie opere, ma anche le proprie passioni, i propri progetti futuri e retroscena della vita quotidiana, riesce a instaurare un rapporto di vicinanza e fiducia con i lettori. Inoltre, il brand personale non si limita al mondo digitale, ma può estendersi anche ad eventi, presentazioni, fiere del libro e collaborazioni con altri autori o influencer. Ogni occasione è utile per consolidare l'immagine del marchio e per far crescere il passaparola. La coerenza, la trasparenza e l'autenticità sono valori chiave: il lettore moderno apprezza la sincerità e tende a connettersi con autori che mostrano la propria umanità e che non si nascondono dietro una facciata costruita artificialmente.

L'investimento nel brand personale si traduce in una maggiore fidelizzazione del pubblico, in una maggiore visibilità e, di conseguenza, in una crescita costante delle vendite. Un brand forte permette all'autore di espandere la propria influenza, aprendo la strada a collaborazioni, a progetti di merchandising e alla possibilità di attrarre l'attenzione di editori o produttori cinematografici. In sintesi, costruire un brand personale significa creare una storia intorno a sé, rendendosi un punto di riferimento nel proprio settore e trasformando ogni pubblicazione in un'occasione per rafforzare il legame con il lettore e per consolidare la propria presenza nel mercato editoriale.

7.3 Come fidelizzare i lettori con una newsletter
Fidelizzare i lettori attraverso una newsletter è una

strategia di marketing estremamente potente che consente di instaurare un contatto diretto e personalizzato con il pubblico, creando una base di fan fedeli e impegnati. La newsletter, infatti, rappresenta uno strumento che va ben oltre l'invio di semplici aggiornamenti: è un canale privilegiato per raccontare storie, condividere retroscena, offrire contenuti esclusivi e creare un dialogo continuo con i lettori. Per costruire una newsletter efficace, l'autore deve innanzitutto incentivare l'iscrizione, offrendo in cambio contenuti di valore come estratti inediti, consigli esclusivi, sconti speciali o accesso anticipato a nuovi progetti. Ad esempio, un autore di romanzi fantasy può proporre ai propri iscritti una mappa esclusiva del mondo narrativo creato, o approfondimenti sui personaggi principali, elementi che non sono presenti nei libri ma che arricchiscono l'esperienza di lettura. La frequenza di invio della newsletter deve essere bilanciata: invii troppo frequenti rischiano di stancare i lettori, mentre invii troppo sporadici possono far perdere l'interesse e la continuità del rapporto. Un buon ritmo potrebbe essere un invio mensile o bimestrale, con contenuti che anticipino novità, approfondimenti sul processo creativo e inviti a partecipare a eventi o sondaggi. La personalizzazione dei messaggi è un altro aspetto fondamentale: utilizzare il nome del destinatario, segmentare la mailing list in base agli interessi e inviare contenuti mirati permette di creare un'esperienza di lettura più coinvolgente e di far sentire ogni iscritto parte integrante della community. Un esempio pratico potrebbe essere un autore di saggistica che, oltre a inviare aggiornamenti sul lancio del libro, include anche articoli di approfondimento su temi correlati, interviste con esperti e link a webinar esclusivi, creando così una piattaforma informativa che arricchisce il valore percepito dalla newsletter. La grafica e il design della newsletter devono rispecchiare il brand personale, utilizzando colori, font e immagini coerenti con l'immagine dell'autore, in modo da rafforzare la riconoscibilità e la professionalità del messaggio. L'uso di piattaforme di email marketing come Mailchimp, ConvertKit o SendinBlue facilita la gestione della mailing list, permettendo di automatizzare le campagne, monitorare i tassi di apertura, i clic e le conversioni, e adattare i contenuti in base ai dati raccolti. L'analisi delle metriche è essenziale per capire cosa funziona e cosa va migliorato: un feedback costante dai lettori, combinato con l'uso di A/B testing, consente di affinare il messaggio e di sperimentare diverse tipologie di contenuti per massimizzare l'engagement. In questo modo, la newsletter diventa un ponte diretto tra l'autore e il lettore, capace di trasformare un semplice contatto in un rapporto duraturo, basato sulla fiducia, sulla condivisione di passioni e sul valore aggiunto dei contenuti esclusivi offerti. La fidelizzazione tramite newsletter, quindi, non è solo una questione di vendite immediate, ma un investimento a lungo termine che consolida la base di fan, promuove il passaparola e aumenta il valore complessivo del brand personale nel mondo del Self Publishing.

7.4 Espandere il proprio pubblico con social media e blog

Espandere il proprio pubblico attraverso l'utilizzo strategico dei social media e la gestione di un blog rappresenta un approccio integrato e dinamico per aumentare la visibilità delle proprie opere e rafforzare il brand personale. I social media, come Facebook, Instagram, Twitter e LinkedIn, offrono piattaforme ideali per la diffusione di contenuti multimediali, per l'interazione diretta con i lettori e per la costruzione di una community attiva, mentre il blog permette di approfondire tematiche legate al proprio lavoro, condividere retroscena, analisi e opinioni che arricchiscono il messaggio promozionale. Un autore che intende espandere il proprio pubblico deve definire una strategia di contenuti coerente e pianificata, utilizzando il blog come vetrina principale in cui pubblicare articoli approfonditi e interviste, e i social media come canali per diffondere i contenuti, generare engagement e attirare nuovi iscritti. Ad esempio, un autore di romanzi storici potrebbe utilizzare il blog per pubblicare articoli sulle curiosità storiche, ricerche inedite e approfondimenti sui personaggi reali che hanno ispirato la trama, mentre su Instagram e Facebook condivide immagini d'epoca, citazioni e brevi video che suscitino interesse e invoglino i lettori a visitare il blog. La chiave per il successo sui social media risiede nella costanza, nella qualità dei contenuti e nell'interazione con il pubblico: rispondere ai commenti, partecipare alle discussioni e organizzare sessioni di Q&A o dirette streaming crea un senso di comunità e fidelizzazione che porta a una maggiore condivisione e a un incremento organico del numero di follower. Un blog ben curato offre inoltre l'opportunità di ottimizzare i contenuti per la SEO, utilizzando parole chiave strategiche che migliorano il posizionamento nelle ricerche online e attraggono traffico organico, contribuendo così ad aumentare la visibilità del brand autore a livello globale. L'integrazione dei social media con il blog crea un ecosistema sinergico, in cui ogni piattaforma alimenta l'altra: i post del blog possono essere condivisi sui social per raggiungere un pubblico più ampio, e i feedback e le conversazioni sui social possono ispirare nuovi articoli e approfondimenti sul blog. È importante anche sperimentare formati diversi, come video, podcast o infografiche, per diversificare i contenuti e mantenere alta l'attenzione degli utenti, adattandosi alle preferenze dei vari segmenti di pubblico. La misurazione delle performance attraverso metriche come il tasso di engagement, il numero di condivisioni, le visite al sito e il tempo di permanenza sul blog è essenziale per valutare l'efficacia delle strategie adottate e per apportare eventuali modifiche in tempo reale. Un autore che riesce a combinare con successo l'uso dei social media e del blog non solo amplia il proprio bacino di lettori, ma costruisce anche una presenza online solida e riconoscibile, capace di influenzare positivamente il passaparola e di generare vendite costanti nel tempo. L'espansione del pubblico diventa così un processo dinamico e interattivo, basato su una comunicazione autentica e su contenuti di valore che rispondono alle esigenze e agli interessi dei lettori.

7.5 Monetizzare con Patreon e crowdfunding

Monetizzare il proprio lavoro attraverso piattaforme di Patreon e il crowdfunding rappresenta un'opportunità innovativa per gli autori del Self Publishing, permettendo di ottenere un supporto economico diretto dai lettori e di finanziare nuovi progetti in maniera autonoma. Patreon, in particolare, consente di creare una community di sostenitori che, mediante abbonamenti mensili, forniscono un contributo costante in cambio di contenuti esclusivi, aggiornamenti e interazioni privilegiate con l'autore. Questo modello non solo garantisce una fonte di reddito ricorrente, ma favorisce anche la costruzione di un rapporto di fidelizzazione e appartenenza con i fan. Un autore, ad esempio, può offrire ai propri sostenitori l'accesso anticipato ai nuovi capitoli, la possibilità di partecipare a dirette esclusive o di ricevere contenuti extra come dietro le quinte, esercizi di scrittura e materiali bonus. Il crowdfunding, d'altro canto, rappresenta una modalità di finanziamento in cui l'autore propone il proprio progetto editoriale a una community online, chiedendo un contributo economico per la sua realizzazione. Piattaforme come Kickstarter, Indiegogo o Ulule permettono di presentare il progetto attraverso video, descrizioni dettagliate e ricompense per i backer, che possono variare da copie del libro firmate a eventi esclusivi. Un esempio pratico è quello di un autore che lancia una campagna su Kickstarter per finanziare la traduzione e l'illustrazione del suo nuovo romanzo; i lettori, attratti dalle ricompense e dalla possibilità di partecipare attivamente al progetto, offrono il loro supporto economico, contribuendo così alla realizzazione del libro e consolidando la relazione con il brand autore. La chiave per il successo in queste piattaforme è la trasparenza e la capacità di comunicare in maniera chiara il valore aggiunto del progetto, illustrando come i fondi raccolti verranno utilizzati e quali benefici i sostenitori otterranno. L'utilizzo di Patreon e del crowdfunding permette all'autore di mantenere una maggiore autonomia creativa, poiché il supporto diretto dei lettori riduce la dipendenza da editori tradizionali o da investitori esterni.

Inoltre, queste piattaforme favoriscono un dialogo continuo e bidirezionale, in cui il feedback dei sostenitori può influenzare positivamente il percorso creativo e la qualità finale dell'opera. Un autore che riesce a sfruttare questi strumenti di monetizzazione trasforma il suo lavoro in un progetto partecipativo e collaborativo, in cui la community non è solo spettatrice, ma diventa parte integrante del successo. Monitorare le campagne, analizzare le metriche di partecipazione e adattare le offerte in base alle esigenze dei sostenitori sono attività essenziali per massimizzare il ritorno economico e per garantire una crescita sostenibile nel tempo. La monetizzazione attraverso Patreon e il crowdfunding rappresenta quindi non solo una fonte di finanziamento, ma anche una strategia di branding che rafforza il legame con i lettori e offre nuove prospettive per lo sviluppo di progetti futuri.

7.6 Self Publishing e affiliate marketing

Integrare l'affiliate marketing nel proprio business di Self Publishing è una strategia innovativa che consente di generare ulteriori flussi di reddito sfruttando il potere della promozione e della rete. L'affiliate marketing prevede la promozione di prodotti o servizi correlati al libro attraverso link di affiliazione, che, se cliccati e convertiti in acquisti, generano una commissione per l'autore. Questa tattica, se ben integrata nella strategia di marketing, permette di monetizzare non solo il contenuto scritto, ma anche di offrire un valore aggiunto al lettore, consigliando prodotti, strumenti o corsi che siano in linea con il tema del libro. Ad esempio, un autore di saggistica sul digital marketing potrebbe inserire nei propri articoli o newsletter link affiliati a software di analytics, corsi di formazione online o libri complementari, creando così un ecosistema di prodotti che supporta il messaggio del libro e genera entrate aggiuntive. La chiave del successo nell'affiliate marketing risiede nella scelta accurata dei prodotti da promuovere, che devono essere di alta qualità e realmente utili per il target di riferimento, in modo da mantenere la fiducia del lettore. Un'altra strategia efficace consiste nell'integrare i link affiliati in contenuti di valore, come recensioni, guide o tutorial, che non appaiano come promozioni invasive ma come suggerimenti utili e pertinenti. L'utilizzo di piattaforme come Amazon Associates, ClickBank o Commission Junction offre all'autore la possibilità di scegliere tra una vasta gamma di prodotti e di monitorare le performance delle proprie campagne, grazie a report dettagliati e strumenti di analisi. Un esempio pratico potrebbe essere quello di un autore che, all'interno del proprio blog, pubblica un articolo dettagliato su "I migliori strumenti per la produttività", includendo link affiliati a software, app e gadget tecnologici. In questo modo, l'articolo non solo fornisce informazioni utili e approfondite, ma consente anche di generare un reddito passivo ogni volta che un lettore effettua un acquisto tramite i link suggeriti. L'affiliate marketing nel Self Publishing non si limita a un singolo canale: può essere integrato in newsletter, video, podcast e persino in pagine di vendita, rendendo la strategia flessibile e adattabile a vari formati di contenuto. La trasparenza è fondamentale: l'autore deve comunicare chiaramente l'uso dei link affiliati, in modo da mantenere la fiducia del lettore e rispettare le normative vigenti. La gestione efficace dell'affiliate marketing richiede inoltre un monitoraggio costante delle conversioni e dei costi, per ottimizzare le campagne e allocare le risorse sui prodotti che generano il maggior ritorno economico. L'uso combinato di affiliate marketing e Self Publishing offre così una doppia leva di monetizzazione, in cui il successo del libro si integra con le opportunità offerte dal mercato digitale, creando un modello di business sostenibile e diversificato. Gli autori che riescono a implementare questa strategia trasformano il proprio brand in un hub di informazioni e prodotti utili, rafforzando il legame con il pubblico e creando nuove fonti di guadagno che si moltiplicano nel tempo.

7.7 Strategie per trasformare i lettori occasionali in fan

Trasformare i lettori occasionali in fan fedeli è un obiettivo strategico che richiede una combinazione di qualità del contenuto, interazione costante e un approccio personalizzato nella comunicazione. I fan, infatti, non solo acquistano il libro, ma diventano ambasciatori del brand autore, condividendo il prodotto con la loro rete e contribuendo a generare passaparola positivo. Una strategia efficace per ottenere questo risultato parte dall'offrire un'esperienza di lettura eccezionale, che risponda alle aspettative del pubblico e che superi le normali esperienze di consumo di contenuti. Ad esempio, un autore di narrativa potrebbe curare ogni dettaglio della sua opera, dalla scrittura alla revisione, fino al design della copertina e alla formattazione, per garantire un prodotto finale di altissima qualità. Tuttavia, la qualità del prodotto da sola non basta: è fondamentale instaurare un rapporto autentico e diretto con i lettori, attraverso l'uso dei social media, newsletter e blog, in cui l'autore condivida retroscena, curiosità sul processo creativo, e interagisca attivamente con il pubblico. Un esempio pratico riguarda un autore che organizza sessioni di Q&A sui social media, rispondendo alle domande dei lettori e mostrando la propria passione per il progetto. L'utilizzo di contenuti extra esclusivi, come capitoli inediti, interviste o video, rappresenta un ulteriore incentivo per spingere il lettore a diventare fan, poiché percepisce di avere accesso a informazioni riservate e a un legame privilegiato con l'autore. La personalizzazione è un elemento chiave: segmentare il pubblico e inviare comunicazioni mirate in base agli interessi e alle interazioni precedenti permette di creare un'esperienza unica e su misura per ogni lettore. La fidelizzazione si rafforza anche attraverso programmi di ricompensa, come sconti esclusivi per i fan, accesso anticipato alle nuove uscite o inviti a eventi speciali, che valorizzano il rapporto e incentivano la fedeltà. Un autore può, ad esempio, creare una community online o un gruppo privato in cui i fan possono scambiarsi opinioni, partecipare a discussioni e ricevere contenuti extra, trasformando così l'esperienza di lettura in un evento condiviso. L'analisi dei feedback, la raccolta di recensioni e la partecipazione attiva nelle conversazioni online sono strumenti indispensabili per capire le esigenze dei lettori e per adattare la strategia comunicativa nel tempo. La costanza nelle interazioni e l'autenticità del messaggio sono le chiavi per trasformare ogni contatto in un'opportunità di fidelizzazione. In questo modo, anche i lettori occasionali, se ben accolti e coinvolti, possono diventare veri fan, pronti a sostenere l'autore in ogni nuova iniziativa e a contribuire alla crescita del brand. La trasformazione dei lettori in fan fedeli non avviene dall'oggi al domani, ma richiede un impegno costante e una strategia a lungo termine, che unisca la qualità del prodotto editoriale a una comunicazione autentica e personalizzata, creando un ecosistema in cui ogni interazione si trasforma in valore aggiunto per entrambe le parti.

7.8 Offrire contenuti extra per aumentare il valore del libro

Offrire contenuti extra rappresenta una strategia efficace per aumentare il valore percepito del libro e per fidelizzare il lettore, trasformando l'esperienza di lettura in un percorso ricco e interattivo. Questi contenuti possono spaziare da materiali digitali come ebook bonus, guide pratiche, video, podcast, a elementi fisici come mappe, illustrazioni o persino merchandise, e contribuiscono a creare un'offerta integrata che va oltre il semplice prodotto editoriale. Un autore, per esempio, può includere nel pacchetto di lancio del proprio romanzo una raccolta di illustrazioni inedite che approfondiscono il mondo narrativo, oppure offrire una guida pratica collegata al tema del libro, in modo da fornire al lettore ulteriori strumenti e informazioni di valore. L'obiettivo è quello di dare al lettore la sensazione di aver ricevuto molto più di quanto sia indicato dal prezzo del libro, rafforzando così la percezione del marchio e incentivando il passaparola. L'implementazione di contenuti extra richiede una pianificazione accurata e una conoscenza approfondita delle esigenze del target: l'autore deve individuare quali materiali possono arricchire l'esperienza di lettura e quali formati sono più adatti per essere distribuiti digitalmente o fisicamente. Un esempio pratico riguarda un autore di self-help che, oltre al libro, offre ai lettori l'accesso a webinar esclusivi, sessioni di coaching online e una community dedicata, creando così un ecosistema in cui il libro diventa il punto di partenza per un percorso di crescita personale. La distribuzione di questi contenuti può avvenire attraverso piattaforme come Patreon, il sito web personale o integrandoli nelle newsletter, in modo da creare una relazione continua con il pubblico e garantire aggiornamenti regolari. L'uso di contenuti extra permette di differenziarsi in un mercato saturo, offrendo un'esperienza unica e personalizzata che incentiva la fidelizzazione e migliora la reputazione dell'autore. La cura dei dettagli e la capacità di fornire materiali di alta qualità, che rispecchino la passione e la competenza dell'autore, si traducono in un vantaggio competitivo che può aumentare significativamente le vendite e la visibilità del libro. Inoltre, la raccolta di feedback sui contenuti extra permette di adattare continuamente l'offerta, rispondendo alle esigenze dei lettori e sperimentando nuove forme di interazione e monetizzazione. La strategia di offrire contenuti extra non solo aumenta il valore percepito del libro, ma apre anche nuove opportunità di business, come la vendita di prodotti complementari, abbonamenti a contenuti premium o collaborazioni con altri professionisti del settore. In questo modo, l'autore trasforma il libro in un hub di informazioni e di esperienze, creando un ecosistema integrato che rafforza il brand personale e stimola il coinvolgimento attivo della community.

7.9 Vendere diritti cinematografici e traduzioni

Vendere i diritti cinematografici e le traduzioni rappresenta una frontiera ambiziosa per gli autori che vogliono espandere l'impatto delle proprie opere oltre il mondo del libro, trasformando una creazione letteraria in un prodotto multimediale e globale. Questa strategia offre l'opportunità di amplificare il valore commerciale dell'opera, raggiungendo un pubblico molto più ampio e diversificato, e di generare ulteriori flussi di reddito attraverso contratti, royalties e accordi di distribuzione internazionale. Un autore che intende vendere i diritti cinematografici deve avere una storia forte, con personaggi ben delineati e una trama avvincente, in grado di attrarre produttori e registi interessati a realizzare adattamenti cinematografici o televisivi. Ad esempio, un romanzo con una narrazione dinamica e un'ambientazione suggestiva può diventare un candidato ideale per una trasposizione sul grande schermo, portando alla luce nuove opportunità di marketing e di merchandising. La vendita dei diritti richiede una conoscenza approfondita del mercato audiovisivo e spesso il supporto di agenti o avvocati specializzati, capaci di negoziare contratti equi e di tutelare gli interessi dell'autore. Parallelamente, tradurre il libro in altre lingue permette di penetrare mercati internazionali, aumentando il bacino di lettori e incrementando le vendite. La traduzione, per essere efficace, deve essere realizzata da professionisti che sappiano adattare non solo il testo, ma anche i riferimenti culturali e il tono narrativo, preservando l'essenza dell'opera. Un esempio pratico riguarda un autore di romanzi thriller che, dopo aver ottenuto un discreto successo nel mercato italiano, decide di tradurre il libro in inglese e in spagnolo, collaborando con traduttori esperti e lanciando campagne promozionali specifiche per ciascun paese. La vendita dei diritti cinematografici e delle traduzioni richiede una pianificazione strategica e una presenza attiva in fiere internazionali, festival e eventi di settore, dove è possibile entrare in contatto con produttori, distributori e agenti letterari. La partecipazione a tali eventi permette di presentare l'opera, di mostrare il potenziale narrativo e di creare sinergie con altri professionisti del settore, aprendo la porta a collaborazioni e a nuovi progetti multimediali. Questa strategia non solo diversifica le fonti di guadagno, ma rafforza anche il brand dell'autore, posizionandolo come creatore di contenuti di alta qualità con potenzialità trasversali. La gestione dei diritti richiede, inoltre, un'attenzione costante alle normative internazionali e una capacità di negoziazione che, se ben orchestrata, può portare a risultati economici significativi e a una maggiore visibilità globale. L'adozione di un approccio professionale e la collaborazione con esperti del settore sono elementi chiave per trasformare un'opera letteraria in un prodotto multimediale di successo, capace di attraversare confini e lingue e di valorizzare appieno il lavoro creativo.

7.10 Quando e come creare un sito web autore

Creare un sito web autore è un passo fondamentale per consolidare il brand personale e offrire un punto di riferimento centralizzato per tutti i contenuti e le attività promozionali legate alla propria opera. Un sito web ben progettato funge da hub digitale in cui l'autore può raccogliere informazioni, presentare il proprio portfolio, vendere libri, offrire contenuti extra e interagire direttamente con i lettori. La creazione del sito web deve partire da una chiara definizione degli obiettivi: si vuole aumentare la visibilità, raccogliere lead attraverso newsletter, promuovere eventi o vendere prodotti complementari? Ogni obiettivo influenzerà il design, la struttura e le funzionalità del sito. Ad esempio, un autore di romanzi fantasy potrebbe creare un sito web che includa non solo una sezione dedicata ai libri, ma anche un blog in cui condividere retroscena della scrittura, mappe del mondo immaginario, profili dei personaggi e forum di discussione, creando così un'esperienza immersiva per i fan. La scelta della piattaforma per la realizzazione del sito, come WordPress, Squarespace o Wix, dipenderà dalle esigenze tecniche e dal livello di personalizzazione desiderato; strumenti come WordPress offrono una vasta gamma di plugin e temi, permettendo di integrare funzionalità avanzate come e-commerce, form di contatto e integrazione con i social media. La struttura del sito deve essere intuitiva e facile da navigare, con sezioni ben definite che includano una biografia, una galleria di opere, una sezione blog e un'area riservata per iscriversi alla newsletter. Un design coerente con il brand personale, che utilizzi colori, font e immagini in linea con l'immagine dell'autore, contribuisce a creare un'esperienza visiva professionale e accattivante. Un autore che investe nella creazione di un sito web autore non solo aumenta la propria credibilità, ma offre anche un canale diretto per la comunicazione e la raccolta di dati sui visitatori, informazioni preziose per affinare le strategie di marketing. Ad esempio, l'uso di strumenti analitici come

Google Analytics consente di monitorare il traffico, le fonti di visita e il comportamento degli utenti, permettendo di ottimizzare il sito e di adattare i contenuti alle preferenze del pubblico. Il sito web diventa quindi uno strumento dinamico e in continua evoluzione, in cui l'autore può aggiornare costantemente le novità, promuovere eventi, lanciare giveaway e offrire contenuti extra riservati agli iscritti, creando un ecosistema integrato che rafforza il legame con i lettori e stimola il passaparola. La cura del sito web, in termini di design, contenuti e funzionalità, si traduce in un investimento a lungo termine che consolida il brand autore, rende più efficaci le attività promozionali e contribuisce a una crescita sostenibile nel mondo del Self Publishing.

Esercizi di fine capitolo

1. Redigi un piano dettagliato per la creazione di una serie di libri, includendo il concept narrativo, il piano editoriale per almeno tre volumi e le strategie di promozione incrociata che intendi utilizzare per fidelizzare i lettori e aumentare le vendite.

2. Crea una roadmap per il tuo brand personale come autore: definisci la tua identità, gli elementi grafici (logo, colori, font), i canali di comunicazione (sito web, social media, newsletter) e le strategie di collaborazione con altri autori o influencer.

3. Sviluppa un progetto di contenuti extra per aumentare il valore del tuo libro: scegli il tipo di materiale aggiuntivo che intendi offrire (video,

guide, webinar, podcast) e descrivi come integrerai
questi contenuti nel tuo ecosistema di marketing,
includendo un piano per lanciare il sito web autore
e per espandere la tua presenza internazionale
tramite traduzioni e diritti audiovisivi.

Capitolo 8: Guadagnare con il Self Publishing a Lungo Termine

8.1 Costruire un catalogo di libri per guadagni costanti
Costruire un catalogo di libri è una strategia fondamentale per assicurare guadagni costanti nel tempo, poiché consente di sfruttare il concetto di "effetto cumulativo" nel mercato del Self Publishing. Quando un autore ha una serie di opere, ogni nuovo titolo non solo attira nuovi lettori, ma rafforza anche il posizionamento dei libri precedenti, creando un ecosistema in cui ogni opera supporta l'altra. La creazione di un catalogo richiede una pianificazione editoriale a lungo termine, in cui si identificano i temi e i generi che rispondono alle esigenze del mercato e si definisce un calendario di pubblicazione coerente. Ad esempio, un autore che scrive romanzi gialli può decidere di lanciare una serie di libri ambientati in contesti diversi, ma con personaggi ricorrenti o trame che si intrecciano, in modo da creare una saga che fidelizza i lettori. Questa strategia permette di sfruttare il successo del primo libro per promuovere i volumi successivi, con l'effetto positivo di un aumento delle recensioni e della visibilità online, fattori che a loro volta attirano nuovi acquirenti. Un catalogo ben strutturato permette inoltre di sperimentare differenti modelli di pricing e di strategie promozionali; l'autore può, ad esempio, offrire sconti per l'acquisto di più titoli o bundle speciali, incentivando così le vendite e aumentando il valore medio delle transazioni. La diversificazione del catalogo non si limita al solo

contenuto narrativo: è possibile includere opere di non finzione, guide pratiche, manuali o anche audiolibri e versioni in formato cartaceo, in modo da coprire un'ampia gamma di preferenze e di sfruttare vari canali di distribuzione. Questo approccio integrato consente di mitigare il rischio associato a un singolo titolo e di stabilire una fonte di reddito ricorrente, in cui ogni pubblicazione alimenta la reputazione complessiva dell'autore. Un ulteriore vantaggio è la possibilità di utilizzare i dati di vendita e le recensioni dei libri già pubblicati per affinare le strategie di marketing e migliorare la qualità delle opere future, creando un ciclo virtuoso di crescita e di ottimizzazione. La costruzione di un catalogo richiede, dunque, una visione imprenditoriale che vada oltre la scrittura di un singolo libro, trasformando il lavoro creativo in una vera e propria impresa editoriale. L'investimento iniziale in termini di tempo e risorse si ripaga nel lungo periodo grazie alla moltiplicazione degli effetti di marketing e alla fidelizzazione del pubblico, che diventa un motore di crescita costante. Questa strategia richiede anche una gestione attenta della proprietà intellettuale, in modo da proteggere il marchio personale e garantire che ogni opera contribuisca in maniera significativa al successo complessivo. Gli autori che costruiscono un catalogo solido imparano a leggere i segnali del mercato e ad adattare il loro stile e le loro tematiche in base alle esigenze dei lettori, consolidando la loro posizione come esperti in un determinato settore. La pianificazione editoriale a lungo termine, unita a una costante attività di promozione e a un'attenta analisi dei dati, è la chiave per trasformare il Self Publishing in un'attività redditizia e sostenibile, in cui il successo non è un evento isolato, ma un percorso continuo di crescita e innovazione.

8.2 Il ruolo delle edizioni aggiornate per aumentare le vendite

Aggiornare le edizioni dei libri rappresenta una strategia efficace per mantenere il contenuto rilevante e competitivo nel tempo, contribuendo a un aumento delle vendite anche dopo il lancio iniziale. Nel contesto del Self Publishing, dove il mercato e le tendenze evolvono rapidamente, l'aggiornamento periodico del contenuto è un modo per dimostrare impegno verso la qualità e l'accuratezza delle informazioni, soprattutto nei casi di opere di non finzione o manuali tecnici. Ad esempio, un libro che tratta di tecnologie digitali o di strategie di marketing può diventare obsoleto in pochi mesi se non viene aggiornato per riflettere le ultime novità e tendenze del settore. Un autore che decide di pubblicare edizioni aggiornate può offrire una nuova versione del libro con contenuti integrativi, nuove sezioni, dati aggiornati e magari anche nuove interviste o casi studio, trasformando l'opera in uno strumento sempre utile per i lettori. Questa pratica non solo incentiva i lettori che hanno già acquistato la prima edizione a tornare per la versione aggiornata, ma attira anche nuovi acquirenti interessati a informazioni fresche e aggiornate. Le edizioni aggiornate possono essere promosse come "edizioni speciali" o "nuove edizioni" e accompagnate da campagne di marketing che sottolineano il valore aggiunto e la rilevanza del nuovo contenuto. Un ulteriore vantaggio di questa strategia è la possibilità di sfruttare la base di fan già consolidata, che si sentirà coinvolta nel processo di aggiornamento e potrà contribuire con feedback e suggerimenti utili per ulteriori miglioramenti. L'uso di piattaforme digitali rende il processo di aggiornamento particolarmente semplice: un autore può caricare una nuova versione del file su Amazon KDP o su altre piattaforme, assicurandosi che i lettori che hanno già acquistato la precedente edizione ricevano notifiche o sconti speciali per l'aggiornamento. Un esempio pratico potrebbe riguardare un autore di guide finanziarie che aggiorna annualmente il libro per includere le ultime normative fiscali, nuovi strumenti di investimento e testimonianze aggiornate, trasformando il libro in una risorsa sempre attuale e indispensabile per chi è interessato alla gestione finanziaria. Questa strategia di edizioni aggiornate non solo mantiene vivo l'interesse per il libro, ma contribuisce anche a posizionare l'autore come esperto affidabile e costantemente aggiornato, rafforzando il brand personale e aumentando la fiducia dei lettori. L'aggiornamento regolare rappresenta un investimento che può portare a un ciclo di vendite ripetute e a un aumento della reputazione nel tempo, facendo percepire il libro come un prodotto dinamico e in continua evoluzione. L'attenzione costante alle esigenze del mercato e l'adozione di pratiche innovative per aggiornare il contenuto sono elementi chiave per garantire che l'opera rimanga competitiva e attragga continuamente nuovi lettori, trasformando l'aggiornamento in una vera e propria leva di crescita economica nel Self Publishing.

8.3 Ottimizzare i prezzi per massimizzare i profitti
L'ottimizzazione dei prezzi rappresenta un aspetto critico

per massimizzare i profitti nel Self Publishing, poiché il prezzo di vendita non solo determina il margine di guadagno per copia, ma influisce anche sulla percezione del valore dell'opera da parte dei lettori. Stabilire il giusto prezzo richiede un'analisi attenta del mercato, che tenga conto del genere del libro, della concorrenza, delle recensioni e delle abitudini d'acquisto dei potenziali lettori. Un autore deve considerare diverse variabili, come il formato (eBook, cartaceo o audiolibro), la lunghezza dell'opera e il target di riferimento. Ad esempio, un romanzo breve di narrativa romantica destinato a un pubblico giovane potrebbe essere venduto a un prezzo più contenuto per stimolare l'acquisto d'impulso, mentre un manuale tecnico con contenuti di alta qualità e aggiornati frequentemente può giustificare un prezzo più elevato. L'uso di strategie di pricing dinamico permette di testare diverse fasce di prezzo e di monitorare le reazioni del mercato attraverso analisi dei dati e feedback dei lettori. Strumenti di analisi, come quelli messi a disposizione da Amazon KDP, offrono la possibilità di osservare come varia il tasso di conversione in base al prezzo e di identificare il punto di equilibrio ideale. Un esempio pratico riguarda un autore di self-help che lancia il libro a un prezzo promozionale per i primi 30 giorni, monitorando le vendite e le recensioni, per poi adeguare il prezzo in base ai risultati ottenuti. Un'altra tattica utile è l'adozione di offerte a tempo o sconti speciali in occasione di eventi particolari, che possono stimolare le vendite e aumentare la visibilità dell'opera. Inoltre, la scelta tra le diverse opzioni di royalty offerte da piattaforme come Amazon KDP (35% o 70%) influisce direttamente sul prezzo e sul profitto finale, e va valutata in funzione della strategia di distribuzione e del target di mercato. La sperimentazione e l'analisi continua dei dati di vendita sono essenziali per trovare il giusto equilibrio tra volume di vendite e margine per copia, e possono portare a modifiche periodiche nel pricing per massimizzare i profitti nel tempo. L'ottimizzazione dei prezzi non riguarda solo l'impostazione iniziale, ma un monitoraggio costante delle performance, che consente di adattare la strategia alle dinamiche del mercato, alle stagionalità e alle risposte del pubblico. Un autore che investe tempo in questa fase dimostra una forte attenzione alle esigenze dei lettori e una capacità imprenditoriale che va oltre la semplice scrittura, trasformando il prezzo in uno strumento di marketing e di posizionamento competitivo. L'uso di promozioni, sconti e strategie di pricing flessibile, unito a una costante analisi dei dati di vendita, può fare la differenza nel determinare il successo economico di un libro e nel garantire una crescita sostenibile nel tempo.

8.4 Pubblicare in diversi formati: eBook, cartaceo e audiolibro

Offrire il proprio libro in diversi formati, quali eBook, cartaceo e audiolibro, rappresenta una strategia vincente per massimizzare il bacino di utenza e incrementare i guadagni nel Self Publishing, poiché consente di raggiungere lettori con preferenze differenti e di sfruttare le peculiarità di ciascun canale di distribuzione. La pubblicazione in formato digitale, ad esempio, permette una distribuzione immediata e globale, con costi di produzione molto contenuti, rendendo l'eBook particolarmente adatto per mercati internazionali e per lettori che preferiscono la comodità della lettura su dispositivi mobili. La versione cartacea, gestita attraverso sistemi di Print on Demand come KDP Print, offre invece l'esperienza tattile di un libro fisico, che molti lettori apprezzano per la sua estetica e per la possibilità di collezionarlo o regalarlo. L'audiolibro, infine, è un formato in rapida crescita che risponde alle esigenze di un pubblico sempre più attento alla fruibilità dei contenuti durante il multitasking, come durante gli spostamenti o l'attività fisica. Un autore che decide di pubblicare in più formati deve pianificare il processo di conversione in base alle specifiche tecniche di ciascuna piattaforma, utilizzando strumenti specializzati per l'impaginazione degli eBook, la formattazione delle versioni cartacee e la registrazione/editing per gli audiolibri. Ad esempio, un autore di saggistica potrebbe utilizzare Kindle Create per formattare l'eBook, adottare un servizio di Print on Demand per la versione cartacea e collaborare con un narratore professionista per realizzare l'audiolibro, garantendo così una qualità elevata su ogni fronte. La pubblicazione multiformato non solo amplia il pubblico, ma permette anche di sperimentare diverse strategie di pricing e promozione, poiché ogni formato ha le proprie dinamiche di mercato. Un autore potrebbe, per esempio, lanciare l'eBook a un prezzo competitivo per stimolare i download iniziali e aumentare la visibilità, mentre la versione cartacea viene venduta a un prezzo leggermente più alto, sfruttando il valore percepito di un prodotto fisico. L'audiolibro, d'altra parte, può essere offerto in abbonamento o come prodotto premium, attirando un pubblico specifico disposto a investire in un'esperienza di ascolto di alta qualità. La diversificazione dei formati richiede una gestione coordinata della distribuzione e una strategia di marketing integrata, in cui l'autore promuove ogni formato in maniera mirata, utilizzando canali dedicati e campagne promozionali specifiche. L'analisi dei dati di vendita per ciascun formato è fondamentale per comprendere quali canali funzionano meglio e per ottimizzare l'offerta, adattando le strategie promozionali e i prezzi in base alle performance. Questa flessibilità permette all'autore di massimizzare i profitti, riducendo al contempo il rischio associato a una dipendenza esclusiva da un solo formato. La capacità di pubblicare in diversi formati rappresenta, dunque, un elemento chiave per il successo a lungo termine nel Self Publishing, in quanto trasforma ogni libro in un prodotto versatile e adattabile alle mutevoli esigenze del mercato globale.

8.5 Utilizzare i dati di vendita per migliorare i risultati
L'utilizzo dei dati di vendita è una pratica essenziale per ottimizzare la strategia di Self Publishing e per prendere decisioni informate che possano incrementare i risultati economici nel tempo. Monitorare le metriche di vendita permette di capire quali strategie promozionali funzionano meglio, quali formati attirano più lettori e come variano le performance in base a stagionalità, campagne pubblicitarie o aggiornamenti di contenuto. Gli strumenti analitici messi a disposizione da piattaforme come Amazon KDP, Kobo, e altre piattaforme di distribuzione offrono report dettagliati su vendite, tassi di conversione, pagine lette e feedback degli utenti, dati che sono indispensabili per analizzare l'andamento dell'opera. Ad esempio, un autore

che pubblica una serie di romanzi può notare che, durante un determinato periodo, le vendite sono aumentate grazie a una campagna di Amazon Ads mirata; analizzando i dati, potrà replicare quella strategia o adattarla per altri volumi della saga. Inoltre, l'analisi dei dati consente di identificare i canali di distribuzione più performanti e di allocare il budget promozionale in modo più efficiente, concentrando le risorse sui canali che generano il maggior ritorno economico. Un esempio pratico riguarda un autore di manuali tecnici che, osservando che la maggior parte delle vendite proviene da lettori internazionali, decide di tradurre il libro in altre lingue e di lanciare campagne pubblicitarie specifiche in quei mercati, basandosi sui dati raccolti. L'uso dei dati di vendita è fondamentale anche per la sperimentazione e il testing delle strategie di pricing: l'autore può variare il prezzo del libro e monitorare in tempo reale come queste modifiche influenzino il volume di vendite e il margine di profitto, permettendo così di trovare il punto di equilibrio ottimale. La raccolta di dati tramite newsletter, social media e feedback diretto dai lettori fornisce ulteriori elementi di valutazione, che possono essere integrati nei report per una visione completa del comportamento del mercato. L'analisi dei dati non si limita a una lettura quantitativa, ma richiede anche una comprensione qualitativa delle recensioni e dei commenti, che indicano i punti di forza e le aree di miglioramento del libro. Un autore che integra questi aspetti nella propria strategia diventa in grado di affinare continuamente il prodotto, migliorare le campagne di marketing e rispondere alle esigenze del pubblico in maniera tempestiva. Utilizzare i dati di vendita come guida strategica significa trasformare ogni informazione in un'opportunità di crescita, adottando un approccio iterativo in cui ogni nuova edizione o promozione è basata sui risultati ottenuti in precedenza. Questa metodologia, basata su analisi dettagliate e su una costante revisione delle strategie, permette di creare un ciclo virtuoso di ottimizzazione che si traduce in un incremento continuo dei profitti e in una maggiore efficienza nel mercato del Self Publishing.

8.6 Creare un funnel di vendita con più libri

Creare un funnel di vendita è una strategia avanzata che consente di trasformare un insieme di libri in un percorso di acquisto integrato, in cui ogni opera del catalogo contribuisce a guidare il lettore verso l'acquisto di nuovi titoli e di prodotti complementari. Un funnel di vendita ben strutturato sfrutta il potere del cross-selling e del marketing relazionale, trasformando un singolo acquirente in un cliente ricorrente. La costruzione di un funnel di vendita parte dalla creazione di un catalogo di libri, in cui ogni volume ha un ruolo specifico nel percorso del lettore. Ad esempio, un autore che scrive sia romanzi di narrativa che guide pratiche può utilizzare il primo libro come "lead magnet" per attirare l'attenzione, offrendo contenuti introduttivi e generando interesse; successivamente, i lettori possono essere incentivati ad acquistare volumi successivi che approfondiscono le tematiche trattate. L'uso di landing page, newsletter e campagne promozionali mirate permette di segmentare il pubblico e di guidarlo lungo il funnel, offrendo offerte speciali, sconti per l'acquisto di pacchetti di libri o contenuti extra esclusivi. Un esempio pratico riguarda un autore di business che,

dopo aver lanciato un ebook gratuito o a prezzo scontato, invia una serie di email promozionali che presentano la versione cartacea, l'audiolibro e infine un corso online, creando un percorso di acquisto progressivo e integrato. La chiave del successo in questa strategia risiede nella capacità di creare un'esperienza coerente e personalizzata per il lettore, in cui ogni interazione con il brand autore rafforza la relazione e incentiva il passaparola. È importante, inoltre, utilizzare strumenti di marketing automation per monitorare il comportamento dei lettori e per inviare messaggi personalizzati in base agli interessi e alle azioni compiute sul sito o nelle email. L'analisi dei dati raccolti lungo il funnel consente di identificare eventuali punti di abbandono e di intervenire con offerte o contenuti mirati, migliorando il tasso di conversione e ottimizzando il percorso di vendita. La creazione di un funnel di vendita non è solo una questione di tecnica, ma richiede una visione strategica a lungo termine, in cui ogni libro viene concepito come parte di un ecosistema che nutre e fidelizza il lettore. Questa strategia permette all'autore di monetizzare in maniera continua e di creare una base di clienti ricorrenti, che non solo acquistano le nuove uscite, ma sono anche disposti a partecipare a iniziative promozionali, eventi e collaborazioni.
L'approccio del funnel di vendita, integrato con una forte presenza online e una comunicazione personalizzata, trasforma il processo di Self Publishing in un'attività imprenditoriale sostenibile e in continua evoluzione, in cui il valore del brand cresce in maniera esponenziale grazie al contributo di ogni singolo libro pubblicato.

8.7 Scrivere con un team: collaborazioni e co-autori

Collaborare con un team di scrittura, coinvolgendo co-autori, editor, ricercatori e altri professionisti, può rappresentare una leva decisiva per aumentare la qualità e la produttività nel Self Publishing. Lavorare in team consente di unire competenze diverse, migliorare il processo creativo e velocizzare la produzione di contenuti, permettendo di affrontare progetti più ambiziosi e di lanciare cataloghi di opere che altrimenti sarebbero difficili da gestire in solitaria. Ad esempio, un gruppo di autori che condivide la passione per la narrativa storica può decidere di collaborare per scrivere una serie di romanzi ambientati in epoche differenti, sfruttando il know-how di ognuno per arricchire la trama, la ricerca e lo sviluppo dei personaggi. La collaborazione tra co-autori porta benefici concreti: si possono suddividere i compiti, organizzare sessioni di brainstorming, confrontare diverse prospettive e garantire una maggiore coerenza stilistica grazie al lavoro di revisione e feedback reciproci. Lavorare in team richiede una buona organizzazione e l'utilizzo di strumenti di collaborazione digitale, come Google Docs, Trello o Slack, che facilitano la condivisione dei documenti, la pianificazione delle attività e la comunicazione in tempo reale. Un esempio pratico potrebbe essere quello di un autore che, affiancato da un co-autore esperto in marketing, riesce a sviluppare un libro che unisce contenuti narrativi di alta qualità a una strategia promozionale efficace, in cui ogni elemento viene curato in modo specialistico. Le collaborazioni possono anche estendersi oltre la scrittura, includendo editor professionisti, grafici per la copertina, illustratori e traduttori, creando così un team multidisciplinare che copre ogni aspetto della produzione editoriale. Questa sinergia consente di trasformare il processo creativo in un'attività collaborativa e dinamica, in cui ogni membro del team contribuisce con le proprie competenze per elevare il livello qualitativo dell'opera. La condivisione del carico di lavoro, inoltre, permette di rispettare scadenze serrate e di lanciare più titoli in un arco di tempo più breve, aumentando il flusso di guadagni e consolidando il brand autore sul mercato. Un team di lavoro ben strutturato favorisce anche lo scambio di idee innovative e l'adozione di nuove tecnologie e metodologie, contribuendo a mantenere il progetto all'avanguardia e competitivo. La gestione delle collaborazioni richiede chiarezza nella suddivisione dei compiti, accordi precisi sulla divisione dei profitti e una comunicazione trasparente, elementi che garantiscono una sinergia efficace e riducono i conflitti interni. L'esperienza di autori che hanno lavorato in team dimostra come la collaborazione possa portare a risultati eccezionali, trasformando ogni progetto in un'opera di successo che beneficia dell'apporto di competenze diverse. La capacità di scrivere in team diventa quindi un investimento strategico, che non solo migliora la qualità del prodotto finale, ma permette anche di scalare il business del Self Publishing e di affrontare sfide più complesse in maniera coordinata ed efficace.

8.8 Automazione e delega per scalare il business
Automatizzare processi e delegare compiti rappresenta una strategia chiave per scalare il business del Self Publishing, consentendo all'autore di concentrarsi sulle

attività creative e strategiche mentre operazioni ripetitive e gestionali vengono gestite da sistemi automatizzati o da collaboratori specializzati. L'uso di software di automazione, piattaforme di email marketing e strumenti di gestione dei social media permette di risparmiare tempo prezioso e di garantire coerenza nelle comunicazioni, riducendo il rischio di errori e migliorando l'efficienza operativa. Ad esempio, un autore che dispone di un catalogo di libri può utilizzare sistemi automatizzati per inviare newsletter periodiche, programmare post sui social media e monitorare le performance delle campagne pubblicitarie, ottenendo così un flusso continuo di dati e feedback utili per ottimizzare la strategia di marketing. La delega di compiti, d'altra parte, consente di esternalizzare attività non strettamente creative, come la formattazione, l'editing, la gestione del sito web e persino la creazione di contenuti grafici. Affidarsi a collaboratori o a freelance specializzati permette all'autore di aumentare la produttività e di mantenere un alto standard qualitativo, senza doversi occupare personalmente di ogni dettaglio. Un esempio pratico potrebbe riguardare un autore che assume un assistente virtuale per gestire la corrispondenza e le attività amministrative, mentre un team di professionisti si occupa della grafica e dell'editing, permettendo così di concentrarsi sulla scrittura e sulla strategia editoriale. L'automazione e la delega non solo aumentano l'efficienza, ma permettono anche di scalare il business in maniera sostenibile, gestendo un maggior numero di progetti contemporaneamente e riducendo il rischio di burnout. Strumenti come Zapier, IFTTT e piattaforme di project management integrano i processi aziendali, collegando diverse applicazioni e creando flussi di lavoro automatizzati che semplificano la gestione quotidiana. La chiave del successo in questa strategia risiede nella capacità di identificare quali attività possono essere automatizzate o delegate senza compromettere la qualità del prodotto finale, e nel costruire una squadra di collaboratori affidabili e competenti. Monitorare i risultati e analizzare le metriche di produttività è essenziale per valutare l'efficacia delle soluzioni adottate e per apportare modifiche che consentano di ottimizzare ulteriormente il processo. L'automazione e la delega permettono all'autore di trasformare il Self Publishing da un'attività artigianale a un'impresa scalabile, in cui il tempo e le risorse vengono utilizzati in maniera strategica per massimizzare i profitti e garantire una crescita costante. Questa mentalità imprenditoriale, basata su strumenti digitali e su una gestione efficiente del lavoro, diventa la base per costruire un business editoriale di successo, capace di competere in un mercato in continua evoluzione e di sfruttare le opportunità offerte dalla tecnologia per espandersi a livello globale.

8.9 Proteggere i tuoi diritti d'autore e marchio

Proteggere i diritti d'autore e il marchio personale è un aspetto imprescindibile per chi opera nel Self Publishing, in quanto garantisce la tutela dell'opera e la salvaguardia del valore economico e reputazionale dell'autore. La protezione dei diritti d'autore comprende l'adozione di misure legali e pratiche per impedire la pirateria, la copia non autorizzata e la distribuzione illecita del contenuto, mentre la protezione del marchio personale riguarda la creazione e il mantenimento di un'identità unica che distingua l'autore e le sue opere nel mercato. Un autore deve, innanzitutto, assicurarsi di registrare il proprio lavoro presso enti competenti, come la SIAE in Italia o altre organizzazioni internazionali, e di utilizzare avvertenze di copyright sulle proprie pubblicazioni. Ad esempio, un romanzo pubblicato in formato digitale dovrebbe includere nel file e nelle pagine iniziali una dichiarazione che ne attesti la proprietà intellettuale, specificando che ogni riproduzione o distribuzione non autorizzata è vietata. La protezione del marchio personale, d'altro canto, si ottiene attraverso la definizione di un'identità grafica e narrativa coerente, che venga registrata e promossa in maniera costante. Creare un logo, scegliere colori e font distintivi e utilizzare questi elementi in ogni punto di contatto con il pubblico – dal sito web alle copertine dei libri, dai profili social alle newsletter – contribuisce a creare un marchio forte e riconoscibile. Un esempio pratico riguarda un autore che decide di investire nella registrazione del proprio nome come marchio, proteggendolo legalmente in modo da impedire che terze parti lo utilizzino per opere non autorizzate o per trarre profitto dalla sua reputazione. L'utilizzo di contratti di licenza e accordi di collaborazione ben strutturati è un altro strumento fondamentale per tutelare i propri diritti, specialmente quando si lavora con ghostwriter, co-autori, editor e designer. Questi accordi devono specificare chiaramente la proprietà intellettuale del lavoro prodotto, le percentuali di guadagno e le modalità di distribuzione, in modo da evitare controversie future. La protezione dei diritti d'autore è particolarmente critica nel mondo digitale, dove il rischio di pirateria e condivisione non autorizzata è elevato; pertanto, investire in tecnologie di watermarking o in sistemi di monitoraggio online può rappresentare una soluzione utile per individuare e contrastare eventuali violazioni. Inoltre, l'educazione dei lettori sull'importanza del rispetto dei diritti d'autore e sulla legittimità delle fonti ufficiali aiuta a creare un ambiente di consumo più consapevole e a tutelare il valore economico dell'opera. Un autore che gestisce in maniera proattiva la protezione dei propri diritti trasmette un'immagine di professionalità e serietà, elementi fondamentali per attrarre collaborazioni, investimenti e opportunità di espansione internazionale. La protezione del marchio personale e dei diritti d'autore, infine, diventa un pilastro su cui costruire il successo a lungo termine nel Self Publishing, garantendo che ogni opera resti un asset prezioso e tutelato, capace di generare guadagni nel tempo e di rafforzare la reputazione dell'autore nel mercato globale.

8.10 Quando considerare di aprire una casa editrice indipendente

Considerare l'apertura di una casa editrice indipendente rappresenta una scelta strategica per autori che, dopo aver consolidato la propria esperienza nel Self Publishing, desiderano espandere il loro controllo sul processo editoriale e sulle opportunità di mercato. Avviare una casa editrice indipendente permette di gestire in maniera autonoma non solo la pubblicazione dei propri libri, ma anche quella di opere di altri autori, creando un portafoglio editoriale diversificato e sfruttando economie di scala. Un autore che si trova nella fase di crescita del proprio brand e che possiede una solida base di fan può valutare questa opzione per avere maggiore libertà creativa, per stabilire politiche di pricing più flessibili e per pianificare campagne promozionali a lungo termine in maniera indipendente. Ad esempio, un autore di narrativa storica che ha riscosso successo nel mercato del Self Publishing potrebbe decidere di lanciare una casa editrice indipendente per pubblicare nuove opere nel medesimo genere, collaborando con altri autori emergenti e creando sinergie che rafforzino l'immagine del marchio editoriale. L'apertura di una casa editrice richiede però una pianificazione accurata e un investimento iniziale in termini di risorse finanziarie e di competenze manageriali; è fondamentale infatti strutturare un modello di business che includa la gestione dei diritti, la distribuzione, il marketing e il supporto editoriale per gli autori affiliati. La creazione di una casa editrice offre numerosi vantaggi, come la possibilità di negoziare accordi favorevoli con distributori e piattaforme digitali, di accedere a mercati internazionali e di realizzare progetti editoriali di maggiore impatto, grazie alla centralizzazione delle risorse e alla condivisione di competenze specializzate. Un esempio pratico riguarda un autore che, collaborando con un team di professionisti – tra cui editor, designer, esperti di marketing e consulenti legali – struttura un business plan per la sua casa editrice, definendo obiettivi, target di mercato e strategie di crescita, e lanciando il primo titolo come progetto pilota. La capacità di gestire un'attività editoriale in proprio permette di controllare ogni aspetto della produzione, dalla scelta dei contenuti alla promozione, garantendo una maggiore coerenza e qualità del prodotto finale. Inoltre, la casa editrice può diventare un punto di riferimento per autori emergenti, offrendo loro supporto e visibilità, e creando così un ecosistema editoriale che contribuisce a rafforzare il marchio complessivo. La decisione di aprire una casa editrice indipendente è indicata quando l'autore ha già maturato esperienza nel Self Publishing, ha costruito una solida base di fan e dispone delle risorse necessarie per gestire una struttura organizzativa. Questo passaggio, se ben pianificato, può trasformare il singolo successo in un'impresa editoriale redditizia e duratura, in grado di sfruttare appieno le opportunità offerte dal mercato globale. L'approccio imprenditoriale e la capacità di coordinare diverse attività, dalla produzione alla distribuzione, divengono così la chiave per espandere il business e consolidare la posizione nel settore editoriale.

Esercizi di fine capitolo

1. Redigi un piano editoriale a lungo termine per il tuo catalogo, includendo almeno cinque titoli e una strategia di pubblicazione che preveda l'aggiornamento periodico dei contenuti, il lancio di nuove edizioni e l'integrazione di diversi formati (eBook, cartaceo e audiolibro). Specifica come intendi utilizzare i dati di vendita per ottimizzare la strategia.

2. Crea un progetto di funnel di vendita che colleghi almeno due libri del tuo catalogo, descrivendo in dettaglio le fasi del percorso del lettore, le offerte promozionali e le tattiche di cross-selling che utilizzerai per aumentare il valore medio della transazione e fidelizzare i clienti.

3. Elabora un business plan sintetico per l'apertura di una casa editrice indipendente: definisci gli obiettivi, il team necessario, il modello di business, le strategie di distribuzione e promozione, e come intendi proteggere e valorizzare il tuo marchio personale e i diritti d'autore nel mercato globale.

Capitolo 9: Errori da Evitare e Consigli Pratici

9.1 Errori comuni dei self publisher e come evitarli

Nel percorso del self publishing, molti autori si trovano ad affrontare errori comuni che, seppur spesso evitabili, possono compromettere l'andamento delle vendite e la reputazione dell'autore. Uno degli errori più diffusi è quello di trascurare una pianificazione editoriale accurata. Molti scrivono e pubblicano senza aver condotto una ricerca di mercato approfondita, senza definire il target e senza stabilire obiettivi precisi, il che porta a opere che non rispondono alle esigenze dei lettori. Per evitare questo errore, è fondamentale redigere un piano editoriale che includa l'analisi dei trend di mercato, l'identificazione delle nicchie e una strategia di comunicazione mirata. Un altro errore comune riguarda la scarsa cura nella formattazione e nella revisione del testo. Pubblicare un libro con errori grammaticali, refusi, o una formattazione poco curata può minare la credibilità dell'autore agli occhi dei lettori, riducendo notevolmente le probabilità di ottenere recensioni positive. Utilizzare strumenti di editing e coinvolgere beta reader o professionisti per la revisione è una pratica indispensabile per garantire un prodotto di alta qualità. Spesso, inoltre, molti autori si affidano a soluzioni "fai-da-te" per la creazione della copertina, rischiando di ottenere un risultato poco professionale che non riesce a catturare l'attenzione in un mercato affollato. Investire in una copertina curata, magari collaborando con designer professionisti, è una scelta che può avere un impatto notevole sulla visibilità del libro. Un ulteriore errore è quello di sottovalutare l'importanza della promozione e del marketing: molti autori pubblicano il loro libro pensando che la qualità del contenuto parlerà da sola, senza pianificare campagne promozionali o senza utilizzare canali di distribuzione adeguati. Nel self publishing, il marketing è tanto cruciale quanto la scrittura; pertanto, dedicare tempo e risorse alla definizione di una strategia di lancio, all'utilizzo di social media, newsletter e campagne pubblicitarie può fare la differenza tra un libro che passa inosservato e uno che raggiunge un vasto pubblico. Infine, un errore frequente riguarda la gestione dei feedback: ignorare le critiche costruttive o reagire in maniera difensiva alle recensioni negative può compromettere la percezione dell'autore. È importante ascoltare i lettori, utilizzare i feedback per migliorare e, quando necessario, rispondere con professionalità. Adottare un approccio di miglioramento continuo, imparando dagli errori e aggiornando il prodotto editoriale, contribuisce a creare un'immagine di autore che si evolve e si adatta al mercato. L'insieme di questi errori comuni – dalla mancanza di pianificazione alla trascuratezza del marketing, dalla cura superficiale del testo alla gestione poco efficace dei feedback – evidenzia l'importanza di un approccio sistematico e professionale nel self publishing. Prepararsi adeguatamente, investire nelle competenze necessarie e sfruttare le risorse tecnologiche e di consulenza disponibili sono elementi fondamentali per evitare questi scivoloni e per garantire una crescita sostenibile nel tempo. Attraverso esempi concreti, come autori che hanno trasformato un lancio iniziale mediocre in una serie di successi grazie a una revisione accurata e a campagne di marketing mirate, si può comprendere come ogni singolo dettaglio contribuisca al successo complessivo di un progetto editoriale. In questo modo, la consapevolezza degli errori comuni e la capacità di adottare misure preventive diventano strumenti preziosi per ogni autore che desidera fare del self publishing una carriera duratura e redditizia.

9.2 Evitare truffe e servizi inutili

Nel panorama del self publishing, la presenza di truffe e servizi inutili rappresenta un rischio reale che può compromettere il successo dell'opera e la reputazione dell'autore. Purtroppo, il desiderio di ottenere risultati rapidi e di accedere a soluzioni "chiavi in mano" ha portato alla proliferazione di offerte poco trasparenti e di servizi che promettono guadagni facili senza un reale valore aggiunto. Un esempio tipico riguarda piattaforme o agenzie che offrono pacchetti di pubblicità miracolosi o servizi di posizionamento che garantiscono una visibilità immediata, ma che spesso si rivelano inefficaci o addirittura dannosi per l'immagine dell'autore. Per evitare queste insidie, è fondamentale fare ricerche approfondite, leggere recensioni, verificare referenze e confrontare diverse opzioni prima di impegnarsi con un fornitore di servizi. Un buon metodo è quello di cercare opinioni verificate su forum e community dedicate al self publishing, dove altri autori condividono le proprie esperienze e consigliano soluzioni affidabili. Inoltre, è importante ricordare che non esistono scorciatoie per il successo: il lavoro di promozione e di marketing richiede tempo, impegno e, soprattutto, la capacità di interagire in modo autentico con il proprio pubblico. Servizi che promettono risultati miracolosi a fronte di investimenti esorbitanti devono essere valutati con estrema cautela, soprattutto se le garanzie fornite sono vaghe o se il prezzo è sproporzionato rispetto al mercato. Un altro aspetto critico riguarda le truffe legate ai diritti d'autore e alla protezione dell'opera. Autori inesperti potrebbero essere indotti a firmare contratti che limitano la loro libertà creativa o che prevedono clausole sfavorevoli, compromettendo il controllo sui propri lavori e sui relativi guadagni. È essenziale, in questi casi, consultare un legale specializzato o affidarsi a enti e associazioni di categoria che possano fornire supporto e informazioni aggiornate sulle pratiche corrette. Un autore che adotta un approccio critico e che investe tempo per informarsi adeguatamente diventa meno vulnerabile a queste trappole, riuscendo a distinguere tra offerte autentiche e promesse irrealistiche. Anche la gestione di servizi di formattazione, design e distribuzione deve essere fatta con attenzione: spesso si trovano offerte "fai-da-te" o servizi a basso costo che, seppur allettanti, non garantiscono un risultato professionale e possono portare a costi nascosti o a revisioni continue che rallentano il processo di pubblicazione. Un esempio pratico è rappresentato da un autore che, dopo aver valutato diverse opzioni, sceglie di investire in una consulenza professionale per la revisione del proprio libro, ottenendo un risultato che non solo migliora la qualità del prodotto, ma protegge anche l'immagine dell'autore. La chiave per evitare truffe e servizi inutili risiede nella trasparenza, nella ricerca accurata e nella volontà di investire in qualità, anche se questo comporta costi maggiori. In questo modo, l'autore protegge il proprio lavoro e crea una base solida per il successo, evitando sorprese negative e assicurandosi che ogni collaborazione porti valore aggiunto all'opera. Un approccio informato e critico, supportato dal confronto con altri autori e dalla consultazione di fonti affidabili, rappresenta la migliore difesa contro le truffe e gli sprechi di risorse, garantendo che ogni investimento contribuisca concretamente al successo del progetto editoriale.

9.3 Quando e come investire nella pubblicità

Investire nella pubblicità è una delle leve più potenti per aumentare la visibilità e le vendite di un libro nel self publishing, ma è fondamentale farlo in modo strategico e ponderato. La pubblicità, sebbene rappresenti un costo, può trasformarsi in un investimento redditizio se indirizzata correttamente, raggiungendo il pubblico giusto al momento giusto. Prima di impegnarsi in una campagna pubblicitaria, l'autore deve analizzare attentamente il mercato, identificare il target di riferimento e definire gli obiettivi specifici: ad esempio, si intende aumentare le vendite, migliorare il posizionamento del libro o generare lead per future promozioni? Queste domande orientano la scelta della piattaforma pubblicitaria e delle strategie di targeting. Un esempio pratico riguarda un autore di saggistica che decide di investire in una campagna Amazon Ads: dopo aver effettuato un'analisi delle keyword e del comportamento degli utenti sulla piattaforma, l'autore imposta una campagna mirata con un budget iniziale limitato, monitorando costantemente le metriche come il costo per clic, il tasso di conversione e il ritorno sull'investimento. La flessibilità di tali campagne permette di adattare il budget e le strategie in base ai risultati ottenuti, migliorando l'efficacia della pubblicità nel tempo. Un altro aspetto importante è la scelta tra pubblicità a pagamento sui social media, come Facebook e Instagram, e altre piattaforme digitali: ogni canale ha le proprie peculiarità e può essere più o meno adatto a seconda del genere del libro e del comportamento del target. Ad esempio, per un romanzo di narrativa giovane, una campagna Instagram che utilizza immagini accattivanti e storie interattive può risultare molto efficace, mentre per un manuale tecnico una campagna su LinkedIn potrebbe essere più indicata. È essenziale inoltre definire un periodo di prova per ogni campagna, in modo da testare differenti messaggi pubblicitari, formati e segmenti di pubblico. L'uso di strumenti di analisi e di reportistica permette di valutare il rendimento delle campagne e di identificare le aree di miglioramento, consentendo all'autore di ottimizzare continuamente la strategia pubblicitaria. Investire nella pubblicità significa anche saper bilanciare il budget: non è necessario spendere cifre esorbitanti, ma è importante assegnare risorse sufficienti per ottenere una copertura adeguata e per competere in un mercato affollato. L'esperienza di autori che hanno avuto successo attraverso campagne pubblicitarie mirate dimostra che, con una pianificazione accurata e un monitoraggio costante, è possibile trasformare ogni investimento in un incremento significativo delle vendite. È altrettanto importante ricordare che la pubblicità deve essere integrata in una strategia di marketing più ampia, che comprenda anche attività organiche come il content marketing, le recensioni e la presenza sui social media. In questo modo, la pubblicità diventa parte di un ecosistema promozionale completo, in cui ogni canale supporta e potenzia gli altri, contribuendo a costruire un'immagine di autore forte e riconoscibile. L'autore deve essere pronto a sperimentare, a modificare le campagne in base ai feedback e a investire in formazione e consulenza per migliorare le proprie competenze nel campo del digital marketing. Questa capacità di adattamento e di innovazione è ciò che consente di sfruttare appieno il potenziale della pubblicità, trasformando ogni euro speso in un'opportunità di crescita e di successo a lungo termine nel self publishing.

9.4 Gestire recensioni negative senza perdere credibilità

La gestione delle recensioni negative è un aspetto delicato ma fondamentale per mantenere la credibilità e la reputazione dell'autore nel mondo del self publishing. Le recensioni, infatti, rappresentano una forma di feedback diretto che, sebbene possano contenere critiche costruttive, rischiano anche di danneggiare l'immagine del libro se non vengono gestite correttamente. Un autore deve essere pronto ad accogliere le critiche con un atteggiamento aperto e costruttivo, utilizzandole come opportunità per migliorare l'opera e per dimostrare la propria professionalità. Ad esempio, se un lettore evidenzia problemi di formattazione o errori di battitura, rispondere in maniera educata e impegnarsi a correggere tali errori può trasformare una recensione negativa in un punto di forza, evidenziando l'attenzione dell'autore alla qualità del prodotto. È importante inoltre distinguere tra critiche costruttive e commenti ostili o non fondati: mentre i primi offrono spunti preziosi per il miglioramento, i secondi vanno gestiti con calma e, se necessario, con l'intervento di piattaforme di supporto o moderazione. Un esempio pratico riguarda un autore di self-help che, ricevendo una recensione negativa che lamenta la mancanza di approfondimenti su un determinato argomento, decide di rispondere ringraziando il lettore per il feedback e annunciando l'intenzione di integrare ulteriori informazioni in una futura edizione o in un post sul blog. Questa strategia non solo dimostra impegno e trasparenza, ma invia anche un segnale positivo ad altri potenziali acquirenti. L'atteggiamento dell'autore deve essere sempre professionale e rispettoso: evitare risposte difensive o polemiche è fondamentale per non alimentare ulteriori critiche e per mantenere la propria credibilità. Un'altra pratica utile è quella di incentivare i lettori soddisfatti a lasciare recensioni positive, in modo da bilanciare le critiche negative e fornire una visione più equilibrata del prodotto. La gestione delle recensioni negative richiede, inoltre, un monitoraggio costante: utilizzare strumenti di analisi e aggregatori di recensioni consente di tenere sotto controllo il sentiment generale e di intervenire tempestivamente in caso di feedback particolarmente critici. In alcuni casi, può essere utile anche consultare professionisti o esperti di PR per sviluppare una strategia di comunicazione che mitighi l'impatto delle recensioni negative e rafforzi la reputazione dell'autore. La capacità di trasformare una critica in un'opportunità di crescita e di miglioramento è un segno di maturità professionale, che contribuisce a consolidare la fiducia dei lettori e a rafforzare il brand personale. Infine, l'autore può utilizzare le recensioni negative come input per aggiornare il contenuto del libro, dimostrando che il prodotto è in continua evoluzione e che l'autore ascolta attivamente il feedback del pubblico. Questo approccio proattivo e orientato al miglioramento continuo è un elemento chiave per mantenere alta la credibilità e per garantire che ogni interazione, anche quella negativa, contribuisca a rendere l'opera sempre migliore.

9.5 Proteggere i guadagni e gestire le tasse da royalties
Nel mondo del self publishing, proteggere i guadagni e gestire correttamente le tasse derivanti dalle royalties rappresenta una sfida importante, soprattutto per gli autori che operano in contesti internazionali o che accumulano volumi di vendite consistenti. La gestione delle tasse e dei profitti richiede una conoscenza approfondita delle normative fiscali, che variano da paese a paese, e la capacità di pianificare finanziariamente in modo da massimizzare i profitti netti. Un autore deve innanzitutto informarsi sulle leggi fiscali del proprio paese e, se necessario, affidarsi a consulenti fiscali o commercialisti specializzati nel settore editoriale, che possono offrire supporto e consigli personalizzati. Ad esempio, un autore che percepisce royalties da piattaforme internazionali come Amazon KDP o Kobo deve considerare le implicazioni fiscali relative alle vendite estere, ai trattati internazionali e alle eventuali detrazioni applicabili. La corretta gestione dei guadagni implica anche la scelta di un sistema contabile che consenta di monitorare in modo accurato le entrate e le spese, facilitando la compilazione delle dichiarazioni fiscali e la gestione del budget. Un esempio pratico potrebbe essere quello di un autore che

utilizza software di contabilità online per tenere traccia delle vendite, delle commissioni e delle spese legate alla pubblicazione e alla promozione dei libri. Questi strumenti consentono di avere una visione chiara dei flussi finanziari e di individuare aree in cui è possibile ridurre i costi o aumentare l'efficienza economica. Inoltre, è importante pianificare strategicamente il reinvestimento dei guadagni, ad esempio destinando una parte delle royalties a ulteriori progetti editoriali, alla promozione o alla formazione professionale. Questa strategia non solo favorisce una crescita sostenibile del business, ma consente anche di ridurre il carico fiscale attraverso investimenti che possono essere dedotti fiscalmente. La protezione dei guadagni passa anche attraverso la stipula di accordi chiari e trasparenti con eventuali collaboratori, ghostwriter o co-autori, in cui vengono definite le percentuali di guadagno e le modalità di distribuzione dei profitti, evitando controversie e garantendo una gestione equa del denaro. Un autore che si occupa in maniera proattiva della gestione fiscale e finanziaria dimostra una forte mentalità imprenditoriale, che va oltre la sola passione per la scrittura, trasformando il self publishing in un'attività redditizia e ben strutturata. La conoscenza delle normative fiscali e l'utilizzo di strumenti di gestione finanziaria sono elementi chiave per evitare problemi legali e per massimizzare il ritorno economico, garantendo che ogni euro guadagnato contribuisca in maniera significativa alla crescita del business. Un approccio professionale alla gestione delle tasse e dei guadagni protegge l'autore da eventuali sanzioni e favorisce la pianificazione a lungo termine, consentendo di investire con maggiore sicurezza in nuovi progetti e di espandere il catalogo editoriale in modo sostenibile.

9.6 Come gestire la scrittura e la pubblicazione come un business

Gestire la scrittura e la pubblicazione come un vero e proprio business implica l'adozione di una mentalità imprenditoriale, in cui il processo creativo viene integrato in una strategia commerciale strutturata e orientata al successo a lungo termine. Un autore che tratta il self publishing come un business non si limita a scrivere e pubblicare libri, ma organizza il lavoro in maniera sistematica, definendo obiettivi chiari, pianificando le attività e monitorando le performance attraverso metriche specifiche. Questo approccio richiede di stabilire un calendario editoriale, in cui ogni fase – dalla scrittura alla revisione, dalla formattazione alla pubblicazione e alla promozione – viene programmata con precisione, garantendo così una gestione efficiente del tempo e delle risorse. Ad esempio, un autore di saggistica potrebbe pianificare l'uscita di un nuovo libro ogni sei mesi, alternando momenti di scrittura intensa a periodi di promozione e analisi dei dati di vendita, in modo da mantenere una presenza costante sul mercato. La gestione come business prevede anche l'investimento in formazione e strumenti tecnologici, come software di editing, piattaforme di automazione per il marketing e sistemi di contabilità, che permettono di migliorare la produttività e di ottimizzare il flusso di lavoro. Un esempio pratico è rappresentato da un autore che, collaborando con un consulente di marketing e utilizzando strumenti di project management, riesce a coordinare le varie attività editoriali, stabilendo obiettivi trimestrali e monitorando i progressi attraverso report e analisi dei dati. Inoltre, è fondamentale trattare la pubblicazione come un processo iterativo, in cui ogni libro diventa un laboratorio di apprendimento: analizzare i feedback dei lettori, studiare le recensioni, monitorare le vendite e valutare l'efficacia delle strategie promozionali consente di perfezionare il prodotto editoriale e di adattare la strategia di business in tempo reale. Un autore che gestisce il self publishing come un business sviluppa anche competenze trasversali, come la capacità di negoziazione, il project management e il marketing digitale, trasformando la propria attività creativa in un'impresa solida e redditizia. La gestione professionale include anche la definizione di partnership strategiche, collaborazioni con altri autori, agenzie di pubblicità e fornitori di servizi editoriali, che possono contribuire a espandere il raggio d'azione e a ridurre i costi operativi. L'approccio imprenditoriale porta a una visione integrata del self publishing, in cui ogni fase del processo – dalla creazione del contenuto alla distribuzione, dalla promozione alla gestione finanziaria – viene curata con attenzione e professionalità, garantendo una crescita sostenibile e un posizionamento competitivo sul mercato. In questo modo, la scrittura e la pubblicazione diventano attività non solo artistiche, ma anche strategiche, in cui il successo si misura in termini di efficienza, redditività e capacità di innovare continuamente, trasformando il percorso creativo in un modello di business vincente.

9.7 Strategie per mantenere alta la motivazione

Mantenere alta la motivazione è una delle sfide principali

per ogni autore nel percorso del self publishing, poiché la scrittura, essendo un processo creativo a lungo termine, può essere soggetta a momenti di stanchezza, blocchi e disillusione. Le strategie per mantenere viva la motivazione devono essere integrate nella routine quotidiana e nella gestione complessiva del lavoro, in modo da creare un ambiente favorevole alla produttività e alla creatività. Una delle tecniche più efficaci consiste nell'impostare obiettivi chiari e raggiungibili, suddividendo il progetto editoriale in tappe intermedie che permettano di celebrare i piccoli successi e di monitorare il progresso in maniera tangibile. Ad esempio, un autore che lavora a un romanzo può stabilire un numero minimo di pagine da scrivere ogni giorno o ogni settimana, creando un'abitudine che trasforma la scrittura in un'attività costante e misurabile. L'uso di strumenti di pianificazione e di project management, come calendari digitali, app di to-do list e piattaforme di collaborazione, aiuta a organizzare il lavoro e a tenere traccia delle scadenze, riducendo lo stress e aumentando la produttività. Un esempio pratico potrebbe essere quello di un autore che utilizza l'approccio "pomodoro", lavorando per periodi di 25 minuti intervallati da brevi pause, tecnica che ha dimostrato di migliorare la concentrazione e di prevenire il burnout. La motivazione può essere alimentata anche dalla costruzione di una community di supporto, dove il confronto con altri autori e la partecipazione a gruppi di scrittura permettono di condividere esperienze, difficoltà e successi. Questo scambio reciproco di idee e di incoraggiamento crea un ambiente positivo che stimola la creatività e offre soluzioni ai problemi comuni. Le interazioni sui social media, le sessioni di Q&A e i webinar dedicati alla scrittura sono strumenti preziosi per mantenere alto il morale e per sentirsi parte di una rete di professionisti e appassionati che comprendono le sfide del self publishing. Un'altra strategia consiste nel dedicare del tempo a progetti personali o a passioni affini, che possano offrire una pausa rigenerante e stimolare la creatività, permettendo di tornare alla scrittura con energie rinnovate. Monitorare i propri progressi, ad esempio registrando le parole scritte, i capitoli completati e i feedback ricevuti, aiuta a visualizzare i risultati e a mantenere viva la motivazione, trasformando ogni obiettivo raggiunto in un incentivo per proseguire. Infine, investire in formazione continua, partecipando a corsi di scrittura, workshop e conferenze, offre nuove prospettive e tecniche che possono riaccendere la passione per la scrittura, oltre a fornire strumenti pratici per superare eventuali blocchi creativi. La chiave per mantenere alta la motivazione risiede, quindi, in una combinazione di obiettivi misurabili, strumenti di organizzazione, supporto comunitario e aggiornamento continuo, elementi che trasformano il percorso di scrittura in un'esperienza gratificante e in costante evoluzione. L'adozione di queste strategie, basate su esempi concreti e su metodologie comprovate, permette all'autore di affrontare con serenità le sfide del self publishing, mantenendo viva la passione e la creatività necessarie per produrre opere di alta qualità nel tempo.

9.8 Migliorare continuamente la qualità dei libri

Il miglioramento continuo della qualità dei libri è una pratica essenziale per chi opera nel self publishing, poiché consente di rimanere competitivi in un mercato in continua evoluzione e di soddisfare le aspettative di un pubblico sempre più esigente. Per ottenere questo risultato, l'autore deve adottare un approccio iterativo che preveda revisioni periodiche, aggiornamenti e feedback costanti da parte dei lettori e dei collaboratori. Una delle tecniche più efficaci è quella di raccogliere e analizzare le recensioni e i commenti dei lettori, che forniscono indicazioni preziose sui punti di forza e sulle aree di miglioramento del libro. Ad esempio, se numerosi lettori segnalano la presenza di errori di formattazione o la necessità di approfondimenti su determinati argomenti, l'autore può decidere di rilasciare una nuova edizione che integri tali correzioni e aggiornamenti. Questo processo di revisione continua non solo migliora il prodotto finale, ma rafforza anche la reputazione dell'autore, dimostrando impegno verso la qualità e attenzione al feedback del pubblico. Un altro aspetto fondamentale riguarda l'adozione di strumenti e tecnologie avanzate per la scrittura, l'editing e la formattazione, come software di controllo grammaticale, piattaforme di project management e collaborazioni con professionisti del settore. L'investimento in formazione e aggiornamento continuo, partecipando a workshop, corsi e conferenze dedicate al mondo dell'editoria, permette di acquisire nuove tecniche narrative e di mantenere il proprio stile al passo con le tendenze di mercato. Un esempio pratico può essere rappresentato da un autore di saggistica che aggiorna regolarmente i contenuti del proprio libro per includere le ultime novità del settore, offrendo così un prodotto sempre attuale e rilevante per il pubblico. La collaborazione con editor e beta reader esperti, che forniscono un punto di vista critico e costruttivo, è un ulteriore strumento per elevare la qualità dell'opera; questi professionisti possono individuare errori, incoerenze o aspetti migliorabili che l'autore, lavorando in solitaria, potrebbe non notare. Inoltre, la sperimentazione di diversi stili e formati di scrittura, anche attraverso la creazione di mini-progetti o blog post, consente di affinare le proprie capacità e di sviluppare un proprio marchio editoriale riconoscibile. L'adozione di un approccio sistematico per il miglioramento, che includa revisioni periodiche e l'integrazione di feedback, trasforma il processo di pubblicazione in un ciclo virtuoso in cui ogni nuova edizione diventa un'opportunità per crescere e per offrire al lettore un'esperienza sempre più completa e soddisfacente. Questo impegno continuo nella qualità è ciò che distingue un autore professionale da uno dilettante e contribuisce in maniera significativa al successo a lungo termine nel self publishing. Un libro che viene costantemente aggiornato e migliorato trasmette un'immagine di autore attento, affidabile e in grado di adattarsi alle esigenze di un mercato dinamico, fattori che non solo aumentano le vendite, ma generano anche un passaparola positivo che alimenta ulteriormente la crescita del brand personale.

9.9 Differenziarsi in un mercato affollato

In un mercato affollato come quello del self publishing, differenziarsi è una delle chiavi principali per emergere e conquistare un pubblico fedele. La concorrenza è intensa e il lettore moderno ha a disposizione una quantità enorme di contenuti, pertanto è essenziale che l'autore trovi il proprio elemento distintivo, che si tratti del genere, dello stile narrativo, dell'approccio tematico o della qualità della produzione. Un modo efficace per differenziarsi è quello di sviluppare un'identità unica e riconoscibile, attraverso il brand personale e la coerenza nella comunicazione visiva e testuale. Ad esempio, un autore che scrive romanzi di fantascienza potrebbe scegliere di abbracciare un'estetica futuristica e innovativa, utilizzando una copertina dal design originale, un tono narrativo particolare e contenuti che si distinguono per l'accuratezza scientifica e l'originalità della trama. Un'altra strategia è quella di puntare sulla specializzazione in nicchie di mercato poco esplorate, in cui la concorrenza è meno agguerrita e il pubblico è in cerca di proposte originali. Un autore di guide pratiche, ad esempio, potrebbe concentrarsi su argomenti di nicchia che combinano passione personale e domanda di mercato, offrendo contenuti approfonditi e soluzioni innovative che non si trovano nei titoli più generici. La capacità di differenziarsi passa anche attraverso l'adozione di strategie di marketing innovative: collaborazioni con altri autori, partecipazione a eventi, creazione di contenuti extra esclusivi e l'utilizzo di piattaforme digitali per la promozione permettono di costruire un'immagine distintiva e di attirare l'attenzione in un panorama saturo. Un esempio pratico riguarda un autore che, oltre a pubblicare il proprio libro, lancia un blog e una serie di video che approfondiscono temi correlati, creando un ecosistema di contenuti che rafforza il messaggio del libro e ne distingue il marchio. L'investimento in un design professionale, in una formattazione curata e in una strategia di comunicazione coerente contribuisce a creare un prodotto editoriale che si distingue per qualità e originalità, elementi che i lettori riconoscono e apprezzano. L'analisi della concorrenza e il monitoraggio delle tendenze di mercato sono strumenti essenziali per identificare le aree in cui è possibile innovare e per adattare il proprio approccio in modo flessibile, mantenendo sempre alta la rilevanza dell'offerta. Un autore che riesce a differenziarsi non solo attira un pubblico più ampio, ma crea anche una base di fan fedeli che riconoscono il valore unico delle sue opere e diventano promotori attivi del brand. Questa capacità di emergere in un mercato affollato è il risultato di una combinazione di creatività, strategia e dedizione, elementi che, se integrati in modo coerente, possono trasformare il self publishing in un'impresa di successo e duratura.

9.10 Il mindset del self publisher di successo

Adottare il giusto mindset è essenziale per chiunque voglia ottenere successo nel self publishing, poiché la mentalità con cui si affronta la scrittura e la pubblicazione influisce in maniera decisiva sulle scelte strategiche e sul modo di reagire alle sfide. Un self publisher di successo coltiva una mentalità imprenditoriale, resiliente e orientata al miglioramento continuo, in cui ogni ostacolo viene visto come un'opportunità per imparare e crescere. La capacità di accettare critiche costruttive, di adattarsi ai cambiamenti del mercato e di investire in formazione e aggiornamento è fondamentale per mantenere alta la competitività e per trasformare il proprio lavoro creativo in un business redditizio. Un esempio pratico riguarda un autore che, dopo un lancio inizialmente deludente, analizza i feedback ricevuti, identifica le aree di miglioramento e rilascia una nuova edizione del libro, integrando i suggerimenti dei lettori. Questo approccio dimostra flessibilità e impegno, elementi chiave per costruire una reputazione solida e per fidelizzare il pubblico. Il mindset del self publisher di successo si basa anche sulla capacità di pianificare a lungo termine e di fissare obiettivi chiari e misurabili, suddividendo il percorso in tappe intermedie e celebrando ogni piccolo traguardo. Questo processo iterativo permette di mantenere alta la motivazione e di affrontare con determinazione le difficoltà che inevitabilmente si presenteranno nel percorso editoriale. L'adozione di tecniche di gestione del tempo, l'uso di strumenti di project management e la collaborazione con professionisti del settore sono elementi che contribuiscono a creare un ambiente favorevole alla produttività e alla creatività. Inoltre, un self publisher di successo sa valorizzare ogni aspetto del proprio lavoro, dalla scrittura al marketing, riconoscendo che il successo non è solo il risultato di un talento innato, ma anche di una serie di scelte strategiche, di investimenti e di una costante volontà di migliorarsi. La resilienza, la capacità di imparare dagli errori e di trasformare le critiche in motivazione per progredire sono caratteristiche distintive di chi riesce a mantenere una carriera stabile e redditizia nel self publishing. Investire nel proprio sviluppo personale, partecipare a corsi, workshop e network di autori, e mantenere un atteggiamento positivo e proattivo sono strategie che permettono di superare le sfide del mercato e di costruire un business editoriale solido e duraturo. Il mindset del self publisher di successo, dunque, non riguarda solo le competenze tecniche e creative, ma anche la capacità di gestire il business in modo intelligente, di affrontare le difficoltà con spirito innovativo e di mantenere una visione chiara e orientata al futuro, trasformando ogni esperienza in un'opportunità di crescita e consolidamento del proprio marchio personale.

Esercizi di fine capitolo

1. Redigi un elenco dei cinque errori più comuni che hai osservato o vissuto nel self publishing e crea un piano di azione dettagliato per evitarli. Includi strategie pratiche, strumenti da utilizzare e esempi concreti di come potresti gestire ciascuna situazione in modo proattivo.

2. Crea un documento che riassuma le migliori pratiche per gestire recensioni negative e per proteggere la reputazione del tuo lavoro. Elenca almeno tre situazioni ipotetiche e descrivi come risponderesti a ciascuna, integrando anche suggerimenti per migliorare il prodotto editoriale basati sul feedback ricevuto.

3. Prepara un piano di gestione finanziaria per il tuo progetto di self publishing che includa le strategie per proteggere i guadagni, gestire le tasse da royalties e ottimizzare il pricing dei tuoi libri. Includi l'uso di strumenti di monitoraggio e analisi dei dati, e descrivi come intendi reinvestire i profitti per favorire la crescita a lungo termine del tuo business.

Capitolo 10: Conclusioni e Prossimi Passi

10.1 Riepilogo delle strategie fondamentali

Il percorso attraverso il Self Publishing richiede un approccio multidimensionale che integri creatività, strategia di marketing, gestione operativa e un mindset imprenditoriale solido. In questo contesto, è fondamentale ricordare che il successo non dipende esclusivamente dalla qualità del contenuto, ma anche dalla capacità di organizzare il lavoro in maniera sistematica e di sfruttare strumenti digitali e strategie promozionali innovative. Le strategie fondamentali che abbiamo affrontato includono la scelta accurata dell'argomento, la ricerca di mercato approfondita, la scrittura e la revisione del libro con l'aiuto di strumenti specifici, la formattazione professionale e la creazione di copertine accattivanti. È stato evidenziato come il marketing – attraverso canali quali Amazon Ads, SEO, social media, newsletter e collaborazioni con altri autori – gioca un ruolo cruciale nel generare visibilità e vendite, trasformando ogni pubblicazione in un'opportunità di crescita a lungo termine. Inoltre, l'importanza di creare un catalogo editoriale, aggiornare le edizioni per mantenere il contenuto rilevante e ottimizzare i prezzi in base alle performance di vendita si rivela essenziale per garantire guadagni costanti nel tempo. Abbiamo esplorato la necessità di pubblicare in diversi formati, come eBook, versioni cartacee e audiolibri, per attrarre lettori con preferenze diverse, e come l'utilizzo dei dati di vendita e l'analisi delle metriche permettano di affinare continuamente la strategia. Anche il concetto di funnel di vendita, in cui ogni libro alimenta il successivo, è stato discusso come strumento per creare un ciclo virtuoso che massimizza il valore medio per cliente. Un aspetto non meno importante è l'approccio collaborativo: lavorare in team, delegare e automatizzare i processi consente all'autore di concentrarsi sulle attività creative e strategiche, trasformando il Self Publishing in un vero e proprio business. Infine, abbiamo toccato temi fondamentali quali la protezione dei diritti d'autore e del marchio, la gestione finanziaria e fiscale, e il mindset necessario per affrontare il mercato con resilienza, flessibilità e orientamento al miglioramento continuo. Ogni strategia affrontata ha evidenziato come il Self Publishing richieda un impegno costante, la capacità di apprendere dai feedback e la volontà di adattarsi alle mutevoli esigenze del mercato, trasformando ogni libro in un asset prezioso e in continua evoluzione. Questa sintesi offre una panoramica completa degli strumenti e delle metodologie che, se integrate in maniera coerente, possono portare a una carriera di successo nel mondo del Self Publishing, dove ogni fase – dalla scrittura al marketing, dalla pubblicazione alla gestione finanziaria – è parte integrante di un progetto editoriale che mira a durare nel tempo e a generare benefici economici e di reputazione.

10.2 Creare un piano d'azione personalizzato

Per trasformare la teoria in pratica, è indispensabile sviluppare un piano d'azione personalizzato che tenga conto delle proprie capacità, delle risorse a disposizione e degli obiettivi specifici. Un piano d'azione ben strutturato inizia con la definizione di obiettivi a breve, medio e lungo termine. Questo implica stabilire tappe intermedie, come il completamento della stesura del manoscritto, la revisione, la formattazione, la pubblicazione e il lancio promozionale, oltre a obiettivi di vendita e di crescita del brand personale. Ad esempio, un autore potrebbe decidere di lanciare il primo libro entro sei mesi, con l'obiettivo di ottenere almeno 100 recensioni e raggiungere una determinata posizione nelle classifiche di Amazon entro l'anno successivo. Successivamente, si può pianificare la pubblicazione di altri titoli per costruire un catalogo coerente e diversificato. Creare un piano d'azione personalizzato significa anche identificare le competenze da sviluppare e le risorse da acquisire: si può valutare la necessità di collaborare con editor professionisti, grafici, esperti di marketing e consulenti fiscali, e definire un budget per ogni fase del progetto. La pianificazione dovrebbe includere un calendario editoriale, che dettaglia ogni attività e fissa scadenze realistiche, in modo da mantenere alta la produttività e monitorare i progressi. L'uso di strumenti digitali, come applicazioni di project management, agende online e sistemi di monitoraggio delle metriche di vendita, aiuta a gestire il lavoro in maniera efficiente e a fare aggiustamenti in tempo reale in base ai risultati ottenuti. Un esempio pratico potrebbe essere quello di un autore che imposta un sistema di report mensili per analizzare le performance delle campagne pubblicitarie e delle promozioni, utilizzando questi dati per ottimizzare il piano d'azione e per pianificare eventuali aggiornamenti o nuove strategie. La chiave di un piano d'azione efficace risiede nella capacità di essere flessibili e adattabili: il mercato del Self Publishing è dinamico e richiede una costante revisione delle strategie, in modo da sfruttare le opportunità emergenti e rispondere rapidamente ai feedback del pubblico. Creare un piano d'azione personalizzato non significa seguire un modello rigido, ma piuttosto costruire un percorso che si adatti alle proprie esigenze e che consenta di misurare il successo attraverso indicatori chiave di performance, trasformando ogni fase del processo in un'opportunità per apprendere, migliorare e crescere. La capacità di integrare ogni aspetto – dalla scrittura alla promozione, dalla gestione finanziaria alla protezione dei diritti – in un unico piano coerente è ciò che permette di trasformare il Self Publishing in un'attività imprenditoriale di successo e duratura.

10.3 Quando lasciare il lavoro per dedicarsi al Self Publishing

La decisione di lasciare il lavoro tradizionale per dedicarsi completamente al Self Publishing è una scelta importante che richiede una valutazione approfondita delle proprie risorse, delle opportunità di mercato e del grado di preparazione raggiunto nel percorso editoriale. Non esiste una regola universale, ma diversi fattori devono essere considerati: il livello di successo già ottenuto con le prime pubblicazioni, la solidità della rete di supporto (community di lettori, collaboratori, esperti di marketing) e la capacità di gestire autonomamente tutte le attività necessarie per far crescere il business. Un autore che si trova nella fase iniziale del Self Publishing potrebbe decidere di continuare a lavorare part-time, mantenendo una fonte di reddito stabile, mentre investe tempo ed energie nel perfezionare le proprie opere e nel testare le strategie di promozione. Tuttavia, se i risultati iniziali – misurati in termini di vendite, feedback positivi e crescita della community – sono promettenti e indicano un potenziale di crescita elevato, potrebbe essere il momento di considerare un passaggio a tempo pieno. Un esempio pratico riguarda un autore che, dopo il lancio del primo libro, vede una crescita costante delle vendite e una forte interazione con i lettori attraverso newsletter e social media; in questa situazione, potrebbe essere strategico pianificare un periodo di transizione, durante il quale ridurre gradualmente le ore di lavoro tradizionale per dedicarsi sempre più al Self Publishing. È importante avere una solida pianificazione finanziaria: accumulare un fondo di emergenza e definire obiettivi di guadagno minimo mensile sono passi indispensabili per garantire una transizione sicura e sostenibile. La decisione di lasciare il lavoro tradizionale deve essere supportata da un piano d'azione chiaro, in cui ogni attività – dalla scrittura alla gestione delle campagne di marketing – sia pianificata e monitorata, in modo da ridurre i rischi e massimizzare le possibilità di successo. L'analisi dei dati di vendita, la crescita della mailing list e l'aumento dell'engagement sui social media sono indicatori utili per capire se il business del Self Publishing è sufficientemente solido da permettere una transizione a tempo pieno. Inoltre, il passaggio a tempo pieno offre la possibilità di dedicare più risorse allo sviluppo del catalogo editoriale, alla creazione di nuove collaborazioni e all'ottimizzazione delle strategie di promozione, elementi che possono accelerare ulteriormente la crescita e consolidare il brand personale. La decisione di lasciare il lavoro per dedicarsi al Self Publishing richiede, dunque, una valutazione oculata basata su dati concreti, esperienze personali e una visione a lungo termine, trasformando il rischio in un investimento nel proprio futuro creativo ed economico.

10.4 Come sperimentare nuovi generi e formati

Sperimentare nuovi generi e formati rappresenta un'opportunità strategica per ampliare il proprio raggio d'azione nel Self Publishing e per raggiungere un pubblico più vasto e diversificato. L'innovazione e la capacità di adattarsi alle mutevoli esigenze del mercato sono elementi chiave per mantenere alta la competitività e per alimentare costantemente la crescita del business editoriale. Un autore che ha già consolidato la propria presenza in un determinato genere può considerare l'idea di esplorare nuovi territori narrativi o di sperimentare formati differenti, come l'audiolibro o il libro interattivo, per diversificare l'offerta e attirare lettori con gusti e preferenze diverse. Ad esempio, un autore di romanzi gialli potrebbe decidere di sperimentare il genere thriller psicologico, adattando il proprio stile narrativo e integrando elementi di suspense e mistero inediti, oppure lanciare un audiolibro in cui la narrazione viene arricchita da effetti sonori e una regia vocale professionale. La sperimentazione richiede una mentalità aperta e la volontà di investire in formazione, tecnologia e collaborazioni con professionisti specializzati. Un esempio pratico potrebbe essere quello di un autore che, dopo il successo di un eBook, decide di trasformare la propria opera in un audiolibro collaborando con un narratore professionista e utilizzando software di registrazione di alta qualità; questa mossa non solo amplia il mercato di riferimento, ma permette anche di raccogliere feedback preziosi sul formato audio, che possono essere utilizzati per future produzioni. Un altro approccio consiste nell'utilizzare il blog e i social media per testare l'interesse del pubblico verso nuovi generi, pubblicando estratti, racconti brevi o capsule video che anticipino il nuovo format, raccogliendo reazioni e suggerimenti utili per affinare il prodotto finale. La diversificazione dei formati, come la creazione di versioni interattive o multimediali dei libri, può offrire un valore aggiunto ai lettori e trasformare l'esperienza di lettura in qualcosa di unico e coinvolgente. L'importante è monitorare costantemente i dati di vendita, l'engagement e il feedback dei lettori per capire quali esperimenti funzionino e quali necessitino di ulteriori miglioramenti. La capacità di innovare e di sperimentare nuovi generi e formati diventa, dunque, un vantaggio competitivo che permette di rimanere al passo con le tendenze del mercato, di soddisfare le esigenze di un pubblico sempre più vario e di posizionare il brand personale come pionieristico e versatile. Questo approccio sperimentale, supportato da una pianificazione accurata e da una costante analisi dei risultati, consente di trasformare ogni nuova proposta in un'opportunità per ampliare il proprio catalogo editoriale e per creare una connessione ancora più forte con i lettori, che apprezzano l'innovazione e la capacità di offrire sempre qualcosa di nuovo.

10.5 Scalare il business con team e collaboratori
Scalare il business nel Self Publishing significa passare da un'attività svolta in solitaria a un'impresa collaborativa, in cui l'autore si affida a un team di professionisti per gestire in modo efficiente tutte le fasi del processo editoriale.

Questa transizione è essenziale per affrontare progetti più ambiziosi e per espandere il catalogo editoriale in maniera sostenibile. La creazione di un team, che possa includere co-autori, editor, designer, esperti di marketing e consulenti fiscali, permette di condividere il carico di lavoro e di sfruttare competenze specializzate, migliorando la qualità dei prodotti e accelerando i tempi di produzione. Ad esempio, un autore che desidera lanciare una serie di libri può collaborare con un co-autore per la scrittura, affidarsi a un editor professionista per la revisione del testo, utilizzare un designer per la creazione di copertine accattivanti e rivolgersi a un esperto di marketing per la promozione. Il risultato è un processo di produzione più fluido e di maggiore qualità, che si traduce in un aumento delle vendite e in una migliore reputazione sul mercato. L'importanza di scalare il business passa anche attraverso l'automazione di processi e la delega di compiti ripetitivi: l'utilizzo di strumenti digitali per la gestione delle campagne pubblicitarie, l'organizzazione delle attività e il monitoraggio delle metriche consente di ottimizzare il lavoro del team e di ridurre i tempi di risposta. Un esempio pratico può riguardare un autore che utilizza piattaforme come Trello o Asana per coordinare le attività del team, stabilendo scadenze e assegnando responsabilità specifiche, e che integra sistemi di email marketing per automatizzare la comunicazione con la propria community. La scalabilità del business richiede anche una visione imprenditoriale orientata alla crescita: investire in formazione continua, partecipare a conferenze di settore e instaurare collaborazioni strategiche sono elementi che rafforzano il network e aprono nuove opportunità di espansione, come la pubblicazione internazionale o la vendita di diritti audiovisivi. Inoltre, un team ben strutturato permette di sperimentare e implementare strategie innovative, adattandosi rapidamente alle evoluzioni del mercato e sfruttando sinergie che migliorano la qualità e l'efficacia delle attività promozionali. La capacità di delegare, unita all'uso di automazione e all'adozione di un approccio sistematico, trasforma il Self Publishing da un'attività artigianale a un business scalabile, in cui l'efficienza operativa si traduce in una maggiore produttività e in un incremento sostenuto dei guadagni. In questo modo, l'autore non solo può concentrarsi sulle attività creative e strategiche, ma crea anche le condizioni per una crescita esponenziale del marchio personale e del catalogo editoriale, assicurando un successo duraturo nel tempo.

10.6 Espandersi nei mercati internazionali

Espandersi nei mercati internazionali è una strategia fondamentale per aumentare il potenziale di guadagno nel Self Publishing e per raggiungere lettori di diverse culture e lingue, trasformando il proprio lavoro in un prodotto globale. Questa espansione richiede una pianificazione accurata che comprenda la traduzione del libro, l'adattamento culturale del contenuto e la definizione di strategie di marketing specifiche per ogni mercato di riferimento. Ad esempio, un autore di narrativa potrebbe tradurre i propri romanzi in inglese, spagnolo e francese per accedere a mercati con una forte domanda di storie di fantasia e di avventura. La traduzione deve essere affidata a professionisti che sappiano adattare il testo in modo fedele, mantenendo l'essenza e il tono dell'originale, e che possano rendere il prodotto interessante anche per lettori con differenti background culturali. Un esempio pratico riguarda un autore di saggistica che, dopo aver ottenuto successo nel mercato nazionale, decide di lanciare una versione in inglese del suo libro, collaborando con traduttori esperti e creando campagne promozionali dedicate per paesi anglofoni. Le piattaforme digitali, come Amazon KDP, Kobo, Apple Books e Google Play, offrono strumenti per la pubblicazione multilingue e permettono di gestire in maniera separata i titoli in diverse lingue, facilitando così la distribuzione globale. Espandersi nei mercati internazionali significa anche adattare il messaggio promozionale alle specificità del target locale: le strategie di SEO, la scelta delle parole chiave, le immagini e persino il design della copertina possono variare in base alle tendenze e alle preferenze del mercato di riferimento. La partecipazione a fiere internazionali, eventi letterari e collaborazioni con influencer locali rappresenta un ulteriore strumento per aumentare la visibilità e per costruire una rete di contatti che supporti l'espansione del brand. È fondamentale monitorare costantemente le performance dei libri tradotti, utilizzando strumenti analitici e report di vendita, per identificare le aree di maggior successo e per adattare la strategia di conseguenza. La diversificazione geografica non solo amplia il potenziale di guadagno, ma protegge anche il business da fluttuazioni economiche e da cambiamenti nelle politiche di mercato di un singolo paese. Un autore che investe nell'espansione internazionale dimostra una visione ambiziosa e imprenditoriale, capace di trasformare il Self Publishing in un'attività globale e sostenibile, in cui ogni traduzione e ogni adattamento culturale diventa un'opportunità per raggiungere nuovi lettori e per rafforzare il proprio marchio. Questa strategia, se implementata in maniera coerente e supportata da una solida infrastruttura digitale e da partnership strategiche, può portare a risultati economici significativi e a un riconoscimento internazionale che valorizza ogni aspetto del lavoro creativo.

10.7 L'importanza della formazione continua

La formazione continua è un pilastro essenziale per chi opera nel Self Publishing, poiché il mercato editoriale e le tecnologie digitali evolvono costantemente, richiedendo un aggiornamento permanente delle competenze. Investire nella formazione, partecipando a corsi, workshop, webinar e conferenze, consente all'autore di acquisire nuove conoscenze, affinare le proprie abilità tecniche e rimanere al passo con le tendenze del settore. Ad esempio, un autore che si specializza nella scrittura di guide pratiche potrebbe seguire corsi di marketing digitale, SEO e social media per migliorare la visibilità del proprio lavoro, oppure approfondire tecniche di scrittura creativa per rendere i propri contenuti più coinvolgenti. La formazione continua non si limita solo alle competenze tecniche, ma include anche aspetti imprenditoriali, come la gestione finanziaria, il project management e le strategie di branding, elementi fondamentali per trasformare il Self Publishing in un'attività redditizia e sostenibile. Un esempio pratico riguarda un autore che, dopo aver lanciato il suo primo libro, decide di partecipare a corsi online dedicati all'uso di strumenti di automazione per il marketing, apprendendo come utilizzare piattaforme di email marketing e analisi dei dati per ottimizzare le proprie campagne promozionali. Questo tipo di aggiornamento permette di ottenere un vantaggio competitivo e di migliorare continuamente il prodotto editoriale. La formazione continua favorisce inoltre la creazione di network professionali, in cui il confronto con altri autori e specialisti del settore può portare a collaborazioni strategiche e a nuove opportunità di business. La partecipazione a community, forum e gruppi di discussione offre uno spazio per lo scambio di idee, il supporto reciproco e la condivisione di best practice, elementi che contribuiscono a un miglioramento costante e alla crescita professionale. L'investimento nella propria formazione si traduce in una maggiore consapevolezza delle proprie capacità, in un aggiornamento costante delle metodologie e in una capacità di innovazione che può fare la differenza in un mercato competitivo. La cultura del continuo apprendimento diventa così un elemento distintivo di ogni self publisher di successo, che sa adattarsi alle trasformazioni del mercato e sfruttare le nuove opportunità per espandere il proprio business.

L'importanza della formazione continua si manifesta anche nel desiderio di sperimentare nuovi formati e nuove tecniche, mantenendo viva la curiosità e l'entusiasmo che sono alla base del processo creativo. Un autore che investe nel proprio sviluppo professionale non solo migliora la qualità delle sue opere, ma rafforza anche il proprio brand personale, dimostrando impegno e passione per il proprio lavoro e trasmettendo fiducia ai lettori e ai collaboratori.

10.8 Self Publishing come trampolino per altre opportunità

Il Self Publishing rappresenta un trampolino di lancio non solo per una carriera di successo nel mondo dell'editoria indipendente, ma anche per l'apertura di ulteriori opportunità professionali e imprenditoriali. Grazie alla libertà creativa, alla possibilità di controllare ogni fase del processo editoriale e all'uso di strategie di marketing innovative, molti autori hanno saputo trasformare il loro lavoro in una piattaforma che apre le porte a collaborazioni, consulenze, corsi di formazione e persino a diritti cinematografici o di merchandising. Un autore che si affida al Self Publishing acquisisce una serie di competenze trasversali – dalla scrittura alla gestione finanziaria, dalla promozione al branding – che possono essere applicate anche in altri ambiti professionali. Ad esempio, un autore di guide di self-help potrebbe trasformare il successo del libro in una serie di workshop o seminari, monetizzando la propria esperienza e creando ulteriori flussi di reddito. Il successo nel Self Publishing offre inoltre una solida base per negoziare contratti e collaborazioni con case editrici, produttori cinematografici e agenzie di marketing, trasformando il brand personale in un asset di valore che attrae investitori e partner commerciali. Un esempio pratico è quello di un autore di narrativa che, grazie al successo della propria saga, viene contattato per partecipare a progetti televisivi o per vendere i diritti cinematografici, ampliando così il proprio raggio d'azione e diversificando le fonti di guadagno. Il Self Publishing, pertanto, diventa il primo tassello di una carriera imprenditoriale più ampia, in cui ogni libro pubblicato contribuisce a costruire una reputazione e a creare nuove opportunità di business. L'esperienza maturata nel gestire campagne di marketing, nel monitorare i dati di vendita e nel coordinare collaborazioni permette all'autore di affrontare con maggiore sicurezza e competenza progetti più complessi e ambiziosi. La capacità di trasformare il proprio lavoro creativo in un'opportunità di crescita a 360 gradi è il segno distintivo di un self publisher che sa sfruttare appieno le potenzialità del mercato moderno, integrando il libro in un ecosistema più ampio di servizi, prodotti e collaborazioni. In questo modo, il Self Publishing non rappresenta soltanto un mezzo per esprimere la propria creatività, ma diventa un vero e proprio trampolino per altre opportunità professionali e imprenditoriali, capace di generare valore aggiunto e di aprire nuove strade per la carriera.

10.9 Costruire un'eredità digitale con i propri libri

Costruire un'eredità digitale significa creare un corpus di opere che perdurino nel tempo e che continuino a generare valore e ispirazione anche a distanza di anni, rappresentando un vero e proprio patrimonio intellettuale e culturale. Nel contesto del Self Publishing, ogni libro pubblicato diventa un asset digitale che può essere aggiornato, ripubblicato e distribuito in vari formati, contribuendo a consolidare il brand personale e a creare una reputazione duratura. Un autore che punta a costruire un'eredità digitale investe nella qualità del contenuto, nella coerenza del messaggio e nella capacità di innovare, in modo da garantire che ogni opera rimanga rilevante e apprezzata nel tempo. Ad esempio, un autore di saggistica che scrive su temi di attualità può aggiornare periodicamente il libro per includere le ultime novità, trasformandolo in una risorsa sempre attuale e indispensabile per chi cerca informazioni affidabili. La gestione di un catalogo editoriale diversificato, che includa eBook, versioni cartacee, audiolibri e persino contenuti extra come corsi online o webinar, permette di creare un ecosistema di prodotti che alimenta il marchio personale e offre al pubblico una gamma completa di esperienze. Un esempio pratico è rappresentato da un autore che, oltre a pubblicare una serie di romanzi, costruisce un sito web autore dove raccoglie interviste, approfondimenti e risorse aggiuntive, creando così un archivio digitale che rimane accessibile e aggiornato nel tempo. La costruzione dell'eredità digitale si basa anche sulla capacità di sfruttare le tecnologie di archiviazione e distribuzione, come le piattaforme cloud e i sistemi di backup, per preservare il proprio lavoro e garantirne l'accesso a nuove generazioni di lettori. Un autore che investe in strategie di lungo termine, come la protezione dei diritti d'autore e la registrazione dei propri contenuti, assicura che ogni opera rimanga un patrimonio intellettuale tutelato, capace di generare benefici economici e culturali nel tempo. Il processo di costruzione di un'eredità digitale richiede un impegno costante, una visione imprenditoriale e la capacità di adattarsi alle evoluzioni tecnologiche e di mercato, trasformando ogni pubblicazione in un pilastro su cui si fonda il successo a lungo termine del brand personale. Questa eredità, alimentata dalla qualità del contenuto e dalla coerenza delle strategie di marketing, diventa un punto di riferimento per lettori, collaboratori e potenziali partner, consolidando il ruolo dell'autore come leader nel proprio settore e aprendo la strada a nuove opportunità di crescita e di innovazione.

10.10 Ultimi consigli per un successo duraturo

Per raggiungere un successo duraturo nel Self Publishing, è fondamentale abbracciare una visione globale che integri ogni aspetto della propria attività editoriale, dalla scrittura alla promozione, dalla gestione finanziaria alla costruzione del brand personale. Un successo sostenibile si basa sulla capacità di apprendere continuamente, di adattarsi alle evoluzioni del mercato e di investire nelle proprie competenze. L'autore deve coltivare la pazienza e la resilienza, riconoscendo che ogni lancio è un'opportunità di crescita e che il percorso verso la notorietà richiede tempo e dedizione. È importante sperimentare, testare nuove strategie e non aver paura di fare errori, perché ogni esperienza, positiva o negativa, offre preziosi insegnamenti per migliorare e affinare il proprio approccio. Un aspetto cruciale è quello di mantenere un contatto costante con il pubblico, ascoltando i feedback, partecipando alle discussioni e creando una community di lettori che diventi il motore del successo. L'uso dei social media, delle newsletter e del blog, integrati in un piano di marketing ben strutturato, permette di rimanere sempre aggiornati sulle tendenze e di creare un legame autentico con i fan. Inoltre, la collaborazione con altri autori e professionisti del settore, l'automazione di processi e la delega di compiti operativi sono strategie che consentono di scalare il business e di trasformare il Self Publishing in un'attività imprenditoriale solida e redditizia. Investire nella formazione continua, aggiornarsi sulle nuove tecnologie e monitorare costantemente i dati di vendita sono elementi che contribuiscono a mantenere il proprio prodotto competitivo e in linea con le esigenze del mercato. Infine, è importante avere una visione a lungo termine e saper pianificare ogni mossa, riconoscendo che il successo nel Self Publishing non si misura soltanto in termini di vendite immediate, ma anche nella capacità di costruire un'eredità digitale che continui a generare valore nel tempo. Ogni decisione, ogni strategia e ogni investimento devono essere orientati a creare un impatto duraturo, trasformando la passione per la scrittura in un business sostenibile e in continua crescita. Questi ultimi consigli, basati su esperienze concrete e best practice, rappresentano il culmine di un percorso articolato e ricco di spunti pratici che, se adottati con costanza e impegno, possono portare a risultati straordinari e a un successo duraturo nel mondo del Self Publishing.

Esercizi di fine capitolo

1. Redigi un documento che riassuma tutte le strategie affrontate nella guida e sviluppa un piano d'azione personalizzato che includa obiettivi a breve, medio e lungo termine. Descrivi in dettaglio come intendi implementare ogni strategia e quali metriche utilizzerai per monitorare il successo del tuo percorso editoriale.

2. Crea un elenco di cinque decisioni strategiche che ritieni fondamentali per trasformare il Self Publishing in un business sostenibile, e spiega come ogni decisione può contribuire a costruire un'eredità digitale solida. Includi esempi pratici e

suggerimenti su come applicare questi principi alla tua attività.

3. Elabora un piano per i prossimi 12 mesi che includa la pubblicazione di nuovi titoli, l'aggiornamento di edizioni esistenti, il lancio di campagne promozionali mirate e la costruzione di collaborazioni strategiche. Definisci un budget, una timeline e le azioni da intraprendere per scalare il tuo business e raggiungere un successo duraturo nel Self Publishing.

Conclusione

Questa guida ha tracciato un percorso completo e approfondito nel mondo del Self Publishing, offrendo strumenti, strategie e consigli pratici per chiunque desideri trasformare la propria passione per la scrittura in un business di successo. Attraverso i vari capitoli, è stato possibile esplorare ogni fase del processo editoriale, a partire dalla scelta dell'argomento e dalla ricerca di mercato, fino alla scrittura, formattazione e pubblicazione delle opere su piattaforme digitali come Amazon KDP e oltre. Il documento ha fornito indicazioni dettagliate su come strutturare il libro in modo efficace, utilizzare tecniche di scrittura coinvolgenti e mantenere alta la motivazione nel lungo percorso creativo, sottolineando l'importanza della revisione e dell'editing per garantire un prodotto di elevata qualità.

La trattazione ha evidenziato come la cura nella formattazione e la creazione di copertine accattivanti siano elementi essenziali per attirare il lettore e distinguersi in un mercato affollato. Strumenti specifici e risorse online sono stati presentati per agevolare il lavoro tecnico, mentre la parte dedicata alla pubblicazione ha offerto una panoramica dettagliata su come impostare il prezzo giusto, compilare metadati accurati e sfruttare le opportunità offerte da programmi come KDP Select. Sono state approfondite anche le strategie di marketing, che spaziano dall'utilizzo di Amazon Ads, tecniche SEO e newsletter, fino alla gestione attiva di blog e social media, evidenziando come ogni canale debba essere integrato in una strategia coordinata per ottenere il massimo impatto.

La guida ha inoltre illustrato il potere delle collaborazioni, delle promozioni e della fidelizzazione della community, fornendo esempi pratici di come trasformare i lettori occasionali in fan fedeli.

L'attenzione è stata poi rivolta alla costruzione di un business editoriale sostenibile, affrontando temi come la creazione di un catalogo di libri, l'aggiornamento delle edizioni, l'ottimizzazione dei prezzi e la diversificazione dei formati. Questi elementi, se gestiti in maniera strategica, possono garantire una fonte costante di guadagni nel tempo e trasformare il Self Publishing in un'attività imprenditoriale solida. È stato illustrato il processo di automazione e delega, che permette di scalare il business affidandosi a team di collaboratori e professionisti, riducendo così il carico operativo e concentrandosi maggiormente sulle attività creative e strategiche.

Il documento ha poi posto una forte enfasi sulla protezione dei diritti d'autore e del marchio personale, aspetti fondamentali per tutelare il valore delle opere e per garantire un ritorno economico equo. Anche il tema della gestione delle tasse e dei guadagni è stato trattato con attenzione, offrendo suggerimenti pratici su come pianificare finanziariamente l'attività editoriale. Inoltre, sono stati illustrati gli errori comuni da evitare, con consigli su come gestire recensioni negative e investire in pubblicità in modo intelligente, al fine di minimizzare rischi e ottimizzare il successo sul mercato.

L'ultimo capitolo ha offerto spunti preziosi per affrontare il futuro con una visione imprenditoriale, suggerendo come trasformare il Self Publishing in un trampolino di lancio per altre opportunità, come la vendita dei diritti cinematografici, la creazione di un'eredità digitale e l'espansione nei mercati internazionali. Il percorso intrapreso attraverso questa guida sottolinea l'importanza di una formazione continua, della sperimentazione di nuovi generi e formati, e della costruzione di un business editoriale solido basato su dati e analisi costanti.

Ogni sezione della guida è stata pensata per fornire non solo conoscenze teoriche, ma anche esempi pratici e consigli operativi, che possano essere messi in pratica fin da subito per migliorare le proprie strategie e per affrontare con consapevolezza le sfide del Self Publishing. Questo approccio completo e articolato intende essere un punto di riferimento per chiunque desideri intraprendere un percorso di autopubblicazione, offrendo strumenti concreti per la scrittura, la pubblicazione e la promozione di opere che possano generare guadagni costanti e consolidare il brand personale nel tempo.

Il successo nel Self Publishing richiede una combinazione di talento, strategia e determinazione, e la guida presentata offre un quadro esaustivo che aiuta a mettere in luce le opportunità e le criticità del settore. L'adozione di una mentalità imprenditoriale, la capacità di adattarsi alle evoluzioni del mercato e l'investimento continuo nella formazione personale sono elementi che permettono di trasformare il proprio lavoro in un'impresa redditizia e di costruire un'eredità duratura nel mondo editoriale. Questi principi, se applicati con costanza e passione, hanno il potenziale di fare la differenza tra una carriera di breve durata e un successo che si perpetua nel tempo, creando una base solida per affrontare il futuro con fiducia e creatività.

www.ingramcontent.com/pod-product-compliance
Lightning Source LLC
Chambersburg PA
CBHW071242050326
40690CB00011B/2222